LAMENTATIONS

SUR

L'ÉTAT DÉPLORABLE

DE LA

CIVILISATION

EN

SAVOIE

(SOUS LE *BUON GOVERNO*)

PAR

ANDREVETAN

DOCTEUR-MÉDECIN

DES UNIVERSITÉS DE PARIS ET DE TURIN

BONNEVILLE. — IMPRIMERIE VEUVE CHAVIN

1862

LAMENTATIONS

SUR

L'ÉTAT DÉPLORABLE

DE LA

CIVILISATION

EN

SAVOIE

(SOUS LE *BUON GOVERNO*)

PAR

ANDREVETAN

DOCTEUR-MÉDECIN

DES UNIVERSITÉS DE PARIS ET DE TURIN

BONNEVILLE. — IMPRIMERIE VEUVE CHAVIN

1862

LAMENTATIONS

SUR

L'ÉTAT DÉPLORABLE

DE LA

CIVILISATION

EN

SAVOIE

(SOUS LE *BUON GOVERNO*.)

La raison qui m'a suggéré l'idée du drame de *la Sainte de Magland*, ça été la faveur accordée par le public au drame pastoral des *Possédées de Morzine*. Ce n'est pas qu'il n'ait rencontré en son chemin beaucoup d'obstacles de la part des superstitions qu'il combattait, du fanatisme qu'il immolait à la raison, et de l'ignorance qu'il déplorait. Comme celui de cette année a beaucoup d'affinité d'idées philosophiques avec celle de son devancier, il n'est pas hors de propos d'exposer à ceux des lecteurs qui ne connaissent pas ce dernier, les motifs qui m'ont déterminé à le donner au public.

I

Une maladie, purement nerveuse, s'étant déclarée sur une ou deux filles de la commune montagneuse de Morzine, s'est propagée ensuite à presque toute la population féminine de douze à vingt-six ans, atteignant rarement l'âge au-dessous et au-dessus, et épargnant généralement le sexe masculin. Après de la contrariété, quelque sentiment de jalousie, du dépit, de la colère, la fille versait des larmes, poussait des soupirs, éprouvait des tiraillements de nerfs, jetait quelques cris, puis tombait à terre. Pendant qu'elle est dans cette situation, privée de connaissance et de sentiment, la gorge râle, ronfle, aboie, hurle; les dents claquent ou rendent des grincements; la bouche écume et se tord; les yeux largement ouverts, roulent en tous sens; la face se tuméfie, prend une couleur pourpre ou une teinte noire; la tête heurte contre le sol, la muraille ou les meubles; les membres sont agités de secousses ou tordus par des convulsions. Quelques-uns de ces symptômes peuvent manquer, pour faire place à d'autres; et, selon le sens dans lequel ces phénomènes se modifient, la maladie prend le nom d'hystérie, de haut-mal, de danse de saint-guy ou de folie.

II

Ce tableau, bien propre à frapper d'épouvante l'imagination de ses jeunes compagnes, ébranlait profondément leurs nerfs, et engendrait le mal chez celles qui l'avaient vu. De là, la diffussion de cette nevrose dans la commune et quelques hameaux d'alentour. La population, imbue d'idées superstitieuses, attribuait la calamité à des vénéfices par des herbes enchantées, jetées dans les sources; à des maléfices lancés par des opérations de sortilège, à une possession par les démons.

III

Les imaginations à la recherche des coupables, croyaient les trouver, qui dans un ennemi, qui dans un mauvais voisin, qui même dans un ecclésiastique étranger à la com-

mune. La défiance était partout, la sûreté personnelle
nulle part. On s'évitait, on s'entr'accusait, on se mena-
çait ; et les relations de bon voisinage et même entre proches s'en ressentaient. La jeune fille n'osait coucher avec
sa sœur, de crainte que, durant son sommeil, le diable ne
sortît du corps de celle-ci pour entrer dans sa bouche. Les
accusés déféraient au Tribunal judiciaire les accusateurs
sous inculpation de diffamation. Le curé même, cité
comme témoin dans une audience, s'est vu condamné par
défaut à quinze francs d'amende. Le clergé de la localité
et celui des paroisses circonvoisines se mirent à exorciser ;
et, soit appareil imposant de la cérémonie, soit que l'exorcisme confirmât dans l'opinion la possession démoniaque,
l'épidémie en prit une extension rapide.

IV

La renommée qui dénature les faits et les grossit de
merveilles controuvées, à mesure qu'elle s'éloigne du
théâtre des événements, en porta la nouvelle au loin. Les
journalistes en égayaient leurs abonnés ; on allait à Morzine voir ces pitoyables vierges, comme on va visiter une
ménagerie de bêtes rares et curieuses. C'était une croyance
parmi le peuple, que, par la vertu des démons, elles grim-
paient aux arbres avec la légèreté de l'écureuil, qu'elles
en parcouraient de même les branches sans les faire plier,
et que, plusieurs ensemble sur un sapin, elles jouaient à
cligne-musette, l'une, en attendant de courir après les
autres, établie au sommet du conifère, les pieds fourchus
en l'air et la tête en bas, les jupons rabattus par dessus.
On ajoutait qu'elles n'entraient, que traînées par force,
dans les églises, qu'elles reculaient d'horreur devant une
croix, qu'une goutte d'eau bénite renouvellait leurs tortures, et que la vue d'un prêtre leur donnait des frémis-
sements de rage. Les ecclésiastiques, de leur côté, soute-

naient qu'elles distinguaient un des leurs, déguisé en bourgeois, parmi une troupe de laïques; qu'elles parlaient toutes les langues, à chaque interlocuteur la sienne, le latin, le grec, l'hébreu; au besoin, le chinois, le sanscrit, enfin les douze cents idiomes répandus à la surface du globe. La vérité est qu'elles ne parlaient qu'un français patoisé, ou un patois mêlé de quelques mots français.

De tels prodiges méritaient bien d'être vus par l'intendant de la province, et la guerre civile menaçant de se déclarer dans la localité, il s'y transporta, escorté de carabiniers. Après l'annexion de la Savoie à la France, le gouvernement a eu la même sollicitude paternelle, et M. le sous-préfet de Thonon y est monté avec un détachement de la garnison de cette ville, qui y a séjourné quelque temps.

V

Cependant je composais mon drame sur ce sujet, et, pour le rendre plus utile, je sacrifiais à la raison les chimères des esprits-follets, des sorts jetés par les sorciers, la croyance aux revenants, toutes superstitions qui déshonorent le pays et sont une cause d'alarmes et de mauvais procédés envers des innocents. Partout où il a pénétré, il a, sinon dans tous les esprits, du moins dans beaucoup, dissipé ces idées absurdes et contribué à la civilisation. Des amateurs l'ont joué en pleine rue à Monetier. Représenté à Morzine, il y eût produit un bien incontestable. En excitant l'hiralité de ces nymphes vaporeuses sur leur prétendue possession démoniaque, c'eût été le meilleur remède à les délivrer de cette pensée, et, par conséquent, à les guérir. Un fou en remontre bien à un autre fou ! C'est conduit par cette idée, qu'un médecin de l'hospice de Bicêtre a fait jouer à ses aliénés des pièces de théâtre,

où les malades, riant de la folie d'autrui, étaient guéris de
la leur.

VI

« Mais, objecte-t-on, si votre œuvre a été avantageuse
à l'éducation morale et religieuse de la classe du peuple,
elle ne l'est pas pour la bourse et la domination du clergé;
car, pour les superstitions que vous détruisez, on lui commande des messes, on lui apporte des paniers de denrées,
on l'appelle à exorciser maisons et habitants, on entre-
prend des neuvaines, et l'on se couvre de médailles et de
scapulaires. Voilà pourquoi il la décrie comme immorale,
irréligieuse, et la poursuit jusque chez les libraires. »

VII

De fait, et le clergé n'est pas le seul qui lui ait été hostile. L'ayant remise à un typographe savoisien, il m'a ren-
voyé, quatre jours après, le manuscrit, *d'après les conseils d'une personne qui s'entend dans les affaires de ce
genre.* Ce ne peut donc être qu'un avocat, qu'un des or-
ganes du ministère public ou qu'un juge. Si des hommes
de lois sont encore entachés de ces honteuses superstitions,
combien ne doivent-elles pas être communes et vivaces
parmi les classes ignorantes du peuple? Je me suis vu
obligé de recourir à un imprimeur de Genève. Deux d'entre les libraires à qui j'en avais envoyé des exemplaires en
dépôt, me les ont renvoyés sans me dire le motif, mais je
soupçonne fort que ce soit par crainte de déplaire à leur
curé. Un troisième, au seul vu du titre, les a repoussés
avec dédain. Un autre les a retirés de l'étalage pour com-
plaire aux abbés, qui lui reprochaient de mettre en vente
une peste irréligieuse. Deux de ces messieurs étant entrés
dans un restaurant qui m'en avait demandé, l'un d'eux
dit à l'autre: « Il y a ici les *Possédées de Morzine.* » Ce-

lui-ci en acheta un, puis, comme si cet écrit lugubre leur eut coupé l'appétit, ils décampèrent sans dîner. Au demeurant, ces religieux sont mes meilleurs chalands, ils achètent le drame, souvent par intermédiaire discret, et crachent au plat pour en dégoûter les autres. En deux mois, il s'en est fait trois éditions, chose inouïe en littérature savoisienne.

VIII

Parmi des lettres de félicitation dont cette bluette a été l'objet, il s'en est trouvé une d'injures, d'une écriture tellement griffonnée que nous avons été obligés de nous mettre cinq pour la déchiffrer. On la traite d'opuscule plein de saleté digne d'un sot, œuvre infernalement bête. *Je vous ordonne*, y est-il dit, *de condamner hautement votre brochure dans les journaux, et si vous n'obéissez, je vous corrigerai par la presse, comme il m'arrive de le faire aux drôles de votre espèce.* On ne me donne que 72 heures pour faire cette amende honorable. Avant qu'il soit en point de me corriger par la presse, mon censeur a besoin de faire encore deux ans d'étude grammaticale, et vingt d'exercice littéraire. D'ici-là, ma bluette aura le temps d'éclairer bien des yeux.

IX

Quand je l'eus publiée, comme on en parlait dans la ville, un artisan m'aborda en me disant : « On ne vous regarde pas comme grand'chose ; mais moi, je vous estime. » On voit par là que, pour jouir de la considération dans notre pays, il faut s'affubler des haillons hideux de la superstition, et qu'on y arrivera sous ce déguisement hypocrite, fût-on débauché, ivrogne et même fripon.

X

O que d'entraves rencontreront vos nobles et pieux efforts, vous, généreux écrivains, qui vous imposez la sainte et patriotique tâche d'éclairer, de civiliser et d'illustrer la génération parmi laquelle la Providence vous a fait naître ; Courage ! Vous êtes les messagers qu'elle s'est choisis pour régénérer votre berceau, depuis deux mille ans le rebut des nations. Si, de votre vivant, vous n'avez pas la joie d'un triomphe complet, vous aurez du moins le mérite d'en avoir préparé la voie à vos neveux, héritiers reconnaissants de votre sublime dévouement.

XI

A en juger par le bien qu'il a produit parmi nous, il est présumable que, si ce drame avait été publié en 1461, il eût prévenu l'auto-da-fé de deux cents de nos ancêtres, rebelles à l'exorcisme, qui devait rester sans effet sur des phénomènes purement morbides. Il est vrai, qu'en ces temps de fanatisme aveugle et sanguinaire, l'auteur eût couru grand risque d'être brûlé vif avec ces victimes.

XII

Au commencement de ce siècle, saint François de Sales étant allé prêcher la doctrine catholique aux populations protestantes du Chablais, il s'y déclara une épidémie probablement semblable à celle de Morzine, et tous ses biographes font honneur à sa sainteté d'avoir expulsé *plus de quatre-vingt démons du corps d'autant d'individus.* Les ministres du culte évangélique ne durent pas se laisser arracher leurs ouailles sans soutenir une lutte véhémente contre les nouveaux venus. De là, dans les deux chaires opposées, des prédications pathétiques, et des menaces terribles des peines éternelles contre ceux qui ne suivraient pas la vraie foi. Les âmes tiraillées, déchirées en deux s ns contraires, devaient éprouver des troubles, des alarmes, des terreurs propres à engendrer des affections nerveuses, pareilles à celles de Morzine. Aussi les traités de pathologie signalent-ils les tableaux horribles que certains prédicateurs font des tortures des réprouvés, comme une cause fréquente de troubles nerveux, de démonomanie et autres folies religieuses. Il n'est pas rare de voir, dans les hospices et maisons de santé d'aliénés, des sujets qui se disent possédés du démon, et même être le démon en chair. Cependant les aumoniers de l'établissement ne songent nullement à les exorciser, et les médecins en guérissent beaucoup. L'un d'eux même, se disant Jésus-Christ, demandait à être mis en croix pour la rédemption du genre humain, et a fini par se crucifier des quatre membres, aussi bien qu'auraient pu le faire des bourreaux.

XIII

Autre diablerie à la Muraz, dans la maison du commissaire des douanes, il y a cinq ou six ans : Chaque fois qu'il rentrait chez lui, il y trouvait le désordre, entre autres choses, les vêtements de ses enfants, les siens et les objets de literie, tailladés et déchirés. Il commande force prières aux curés des environs. Les dégats continuant, il mande des moines qui montent exorciser la maison. Le mal poursuit son cours. Il va exposer ses doléances à Monseigneur Rendu. J'ignore les conseils du prélat. Cependant ces scènes lugubres répandent l'effroi parmi les populations voisines, et le bruit en arrive à St -Julien. Le Tribunal s'y transporte, et découvre que l'auteur de ces maux est une fille de dix ans, jalouse de quelques faveurs accordées par le père à ses autres enfants.

XIV

Dans une autre commune, à quatre lieues de là, mêmes

scènes se renouvellent, mais avec moins de retentissement.
La victime va encore consulter des moines qui lui recom-
mandent de disperser chez elle des médailles de saints,
pour mettre en fuite les mauvais génies. Or, ces niches
ont toujours pour auteurs ou de mauvais plaisants, ou
des enfants, ou leur mère, qui veulent se venger du père
de famille, ou des chiens, des chats ou même des rats.
A ces possessions de districts entiers il faut joindre celles
d'individus isolés, qu'après exorcisme avorté, on envoyait
toucher le Saint-Suaire à Besançon, à Chambéry, à Turin.

XV

Quoi! m'objecteront mes contradicteurs, un des consi-
dérants de la bulle de canonisation du Patron de la Savoie, a été tiré de sa victoire sur les démons chablaisiens,
et vous le dépouillez d'un des beaux fleurons de sa couronne! A cela je réponds que je tiens mon Patron pour
saint et sacro-saint, par la raison qu'à part ses autres miracles qui ne sont pas ici en question, je ne vois pas où il
aurait pu trouver le temps de pécher, avec une vie si rem-
plie de profondes études, d'exercices de piété, de bonnes
œuvres, de prédications, d'administration diocésaine, de
missions diplomatiques, de fondations d'ordres monasti-
ques, de réformes disciplinaires de couvents, et d'écrits si
admirables de pensées et de style.

XVI

D'autre part, une bulle de canonisation, émanant du
Souverain-Pontife et de son Conseil privé, n'a pas l'im-
portance capitale d'une décision œcuménique; et l'on peut
ne pas croire à son efficacité, sans cesser d'être en com-
munion avec les fidèles. Autrement, on ne pourrait refuser
croyance, sans être hors l'Eglise, à la béatitude de Clovis
qui, pour délivrer lui et ses enfants de tout compétiteur

au trône, égorgea tous ses proches. Les évêques, traîtres à leur patrie, l'appelèrent de la Germanie, et, par reconnaissance, il leur fit de grandes largesses du bien de leurs compatriotes vaincus et dépouillés. Voilà le fondement de sa béatitude cléricale; reste à savoir si Dieu l'a confirmée.

XVII

Notre Patron, à moins que les vertus chrétiennes ne rendent infaillible en science, s'est donc trompé, en prenant pour démoniaques des phénomènes purement morbides. S'il y avait possession en Chablais, cependant en était exempte, quoique toute calviniste, la partie helvétique qui y confine. La Savoie serait donc en Europe la succursale terrestre de l'enfer, puisque des centuries de démons s'y abattent plus fréquemment que partout ailleurs, et même qu'en pays hérétique. Si déja ils font subir à nos corps un aussi âpre tourment que celui des possédées de Morzine, que sera-ce lorsque leur furie appliquera leur arsenal de torture à nos âmes vives et dépouillées de leur enveloppe charnelle! Nous sommes donc maudits de Dieu. En ce cas, je pose ce dilemme fourchu à mes adversaires :

XVIII

Ou répudier le Pape pour Calvin, Rome pour Genève; ou bien convenir que ces monstres inhumains auxquels on impute ces scènes d'horreur, n'étaient que les enfants de l'imagination en délire des exorcistes. Je présume que mes critiques, percés au cœur par le premier dard de ma fourche, demandent merci au second, d'accord avec moi que les conjurateurs avaient commis une méprise. Quand on a appelé satan l'ange des ténèbres, c'est qu'on avait probablement remarqué qu'il ne s'asservissait que les gens en ténèbres de la nuit de l'ignorance. Quand on lit le recueil de la vie des saints, on voit que les ignorants sont aussi rares au séjour des élus, que les savants dans nos galères.

XIX

Il est inouï que le démon ait jamais tenu sabbat dans le corps d'un prêtre, moins par respect de l'onction sacerdotale, que parce qu'il est supérieur en science à ses ouailles. Il a tellement horreur des médecins, qu'à leur approche il déguerpit, laissant pour trace de ses griffes d'effroyables ravages dans le système nerveux. Il irait plutôt donner, cornes baissées, contre une assemblée de théologiens, que de regarder seulement de loin un médecin-poète. Car il faut que vous sachiez, lecteurs, que l'Eglise refuse le don de l'inspiration divine à chaque prêtre isolé, même à l'Evêque de Rome, et qu'elle l'accorde au poète. Si mes censeurs n'y croient pas, ils ont perdu la foi, sont hors de l'Eglise, et, par conséquent, point de salut pour eux. Reste à nier le don dans celui qui s'en croit pourvu, et qui n'a souvent que le talent de la versification. Il n'est aucun poète à qui, de son vivant, une critique malveillante, n'ait contesté cette faveur céleste, comme de leur temps on déniait aux prophètes celle de prédire les évènements futurs, et d'annoncer aux peuples les volontés du Très-Haut. Ceux-là, les plus proches héritiers des sublimes privilèges de ceux-ci, sont sujets à être éprouvés des mêmes tribulations. L'insulte, les condamnations juridiques, la spoliation de leurs biens, l'exil, la perte de leur liberté, les supplices et la mort arbitraire, voilà leur commune destinée.

XX

On m'a reproché aussi d'avoir parlé avec irrévérence de la pratique, soit-disant religieuse, de revêtir des médailles et des scapulaires. Leur influence mystique est douteuse, le but qu'on leur propose me paraît illusoire, et la confiance qu'ils inspirent est fort dangereuse. En effet, je ne vois pas quelles grâces célestes ils pourraient attirer, comment ils pourraient conjurer des malheurs, ni tenir lieu de précautions pour s'en préserver. D'ailleurs, leur origine est toute païenne. Sylla accourant de l'Asie à la tête de son armée victorieuse, pour disputer la dictature à Marius, rencontre les alliés de celui-ci aux portes de Rome. Vivement pressé par leurs armes, et menacé de tomber en leurs mains, il tire de son sein une médaille à l'effigie d'Apollon, qu'il invoque dans ce pressant danger. Arrivé à Rome, il ne manque pas de remercier de son assistance cette divinité chimérique. Sa reconnaissance eut été moins insensée, adressée à son cheval dont la jambe rapide l'avait tiré d'un aussi mauvais pas. Dans la guerre du Sonderbund, les protestants trouvèrent sur les morts et les blessés des catholiques vaincus, beaucoup de ces amulettes, sur lesquelles ils avaient compté pour dévier les balles hérétiques. Un brigand de l'île de Sardaigne glorifiait les siennes de l'avoir souvent préservé du plomb des carabiniers; atteint de deux coups dans une dernière rencontre, il maudit ses saints qui l'ont trahi et livré à la justice. J'ai vu plus de cent mille malades, seulement en chemise, tant dans ma pratique que dans les hôpitaux de l'Europe et surtout de Paris, ville où j'ai exercé la médecine pendant vingt-cinq ans, je n'ai vu que trois fois ces simulacres pieux. Qu'un lion, un tigre ou un boa, déja repu de carnage, passe près d'un nègre africain sans le toucher, il en rend grâce à un clou, à un bouton de cuivre ou à une pièce de monnaie, qu'il a dérobé à un voyageur. Nous rions de ces fétiches, les nôtres sont-ils plus sensés? Cependant sur cinq Savoyards qu'on déshabille, on les trouve sur quatre. Quand ils tombent malades, ce n'est pas assez des leurs, on les couvre de ceux de la famille. Quelques-uns y joignent les neuvaines, les prières et les messes; et voilà tous leurs remèdes. Si la maladie est grave, ils meurent, bien entendu. J'ai déja démontré, dans le drame de *la Sainte de Magland*, que messieurs les curés se gardent bien, en ce cas, de se confier à de tels moyens, pour leur propre compte; voyons maintenant comment agit notre Saint-Père. Il pourrait avoir, quand il est malade, au moins cent mille messes dans toute la catholicité; eh bien, il n'y songe même pas. Deux hommes de l'art, à gros traitements annuels, dont l'un est médecin et l'autre chirurgien, décorés du nom d'archiâtres pontificaux, sont attachés à sa personne. Si son affection est bénigne, ils suffisent; si, dangereuse, on convoque une consultation des médecins les plus renommés, et même on en appellera un de cent lieues, qui recevra de cinquante à cent mille francs. Car le Souverain-Pontife paye en roi. On ne consulte en cela que son habileté, n'importe qu'il soit hérétique, juif ou même athée. Il n'y a pas péché à ce choix. La foi au culte n'est point blessée par la confiance au savoir d'un idolâtre. Le conseil de recourir à la médecine est donné par Jésus-Christ en deux endroits de sa doctrine. Dans l'un il est dit: «Ce ne sont pas ceux qui se portent bien, mais les malades, qui ont besoin de médecin.» Dans l'autre: «Honore le médecin à cause de la nécessité.» Si la médecine était vaine, la Providence aurait-elle prodigué dans les campagnes des milliers de plantes médicinales, dont les animaux, guidés par leur instinct, savent très bien se servir pour se soulager et se guérir dans leurs maux? L'intelligence de l'homme, éclairée par l'observation et l'expérience, vaudrait-elle moins que cet instinct? Aide-toi, et Dieu t'aidera; voilà la maxime de la sagesse. Si nos vœux au Tout-Puissant devaient nous dispenser de toute industrie humaine, le paresseux en vien-

drait à lui, demander la moisson, sans l'avoir préparée
lui-même. O homme ! travaille donc à ton salut, tant spi-
rituel que temporel ; et le Maître de la vie bénira tes efforts !

XXI

Ce n'est pas que le médecin condamne les prières
comme secours accessoire. Qui sait si, lorsqu'il est à bout
de ressources, ce n'est pas le moment où commencent les
opérations mystérieuses du Ciel, obtenues par la foi ? Je
ne suis pas seul à combattre les superstitions en Savoie ;
d'autres m'ont déja précédé dans cette voie ingrate et pé-
rilleuse. Il s'organise présentement en Italie une société de
réforme religieuse, qui compte déja quatre mille six cents
adhérents ecclésiastiques. Voici le septième article de son
programme : « Que l'Auguste Majesté des rites catholiques
soit purifiée de tous les excès superstitieux et païens de
la Vierge et des Saints, qui énerve la simplicité sublime
du culte chrétien. »

Le drame de *la Sainte de Magland* a pour objet d'ins-
pirer une sainte horreur du sacrilège, cause de tant de
damnations ; de mettre en garde contre les faux miracles
qui ont joué autrefois un rôle si retentissant en Savoie,
et qui séduisent encore bien des gens parmi nous ; de placer l'espérance de la justification dans les vertus personnelles, sans exclure les vœux spontanés de ses proches ou
des fidèles, ni même les prières mercenaires que je ne
range ici qu'en troisième ordre ; autrement le pauvre aurait un moyen de salut de moins que le riche, dont le
Seigneur a dit, *qu'il lui est plus difficile d'entrer au roy-
aume des Cieux, qu'à un cable de passer à travers le chas
d'une aiguille !*

XXII

Comme on m'a accusé de traiter plaisamment des sujets

sérieux, je m'attends à même reproche pour ce dernier drame. Les prêtres juifs ne raillaient-ils pas ceux des idoles, quand ils leur disaient : « Criez plus fort ; vos dieux dorment et ne vous entendent pas. » La raillerie n'est-elle pas le sel d'une bonne cause? et le Créateur n'a-t-il pas armé les lèvres de l'homme de l'appareil du rire? pourquoi ne pas le mettre en jeu?

XXIII

« A fronder les superstitions et tarabuster le fanatisme, ne craignez-vous pas, me disent certains autres, de vous susciter des inimitiés parmi leurs partisans? »

Je crains Dieu, cher Abner, et n'ai pas d'autre crainte.

La vie est un combat, c'est une loi de notre nature. Toutes les actions héroïques ne se passent pas dans les champs de carnage; il en est de plus opiniâtres et plus glorieuses, qui ont pour vaste théâtre le domaine de la civilisation. Je me sens appelé d'instinct à entrer en campagne contre l'hydre de la barbarie, et, ne fussé-je armé que d'un roseau, je marcherai à l'attaque de ses têtes fraternelles, dont le faisceau représente l'ignorance grossière, la superstition, le fanatisme, le matérialisme, le servilisme, la cupidité, la débauche, l'orgie, toutes les sensualités et les vices qui dégradent l'âme, pervertissent le cœur, énervent et ruinent le corps. On peut succomber et même périr dans la lutte comme bien d'autres nobles champions, mais

A vaincre sans péril on triomphe sans gloire.

La victoire sur le vaincu généreux est quelquefois la honte du vainqueur brutal et féroce.

XXIV

Du reste, on n'est plus au temps de ce gouvernement auquel, par antiphrase, on a conservé le nom de *buon* qu'il s'était donné. Sous ce régime d'exécrable mémoire, deux classes de citoyens n'avaient-elles pas le privilège d'être exemptes, de fait sinon de droit, des peines afflictives et infamantes décernées contre les délits, méfaits et crimes? Aussi que de murmures et de lamentations hypocrites au sujet de la loi Siccardi pour l'abolition du for ecclésiastique? Dès qu'on relève leurs fautes, ces messieurs prétendent qu'on outrage la religion, comme si elle était incarnée en leur personne. Cette accusation, ils l'ont infligée à la mémoire du philosophe de Ferney. Vous avez tous entendu, lecteurs, et cela plusieurs fois, du haut de la chaire de vérité, tomber sur l'auditoire cette calomnie atroce : « L'impie Voltaire, en parlant de Jésus-Christ, n'a-t-il pas dit : Ecrasons l'infâme. » Eh bien, quand vous irez à Genève, entrez dans un cabinet de lecture, et demandez le second tome de la correspondance entre Voltaire et d'Alembert. Vous lirez dans la lettre V, du 24 mai 1769 : *Je reçois dans mon lit le Saint-Viatique que m'apporte mon curé; je déclare, ayant Dieu dans ma bouche, que l'évêque d'Annecy est un calomniateur, et j'en passe acte par-devant notaire.* De même qu'il avait dit, dans une lettre : *Ecrasons l'infâme fanatisme,* ainsi dans la XXXIme, il félicite son ami d'*écraser la superstition.* Dans la VLme, il écrit : *Les deux plus grands ennemis de la divinité sont la superstition et le fanatisme.* C'est lui qui a fait ce beau vers :

Si Dieu n'existait pas, il faudrait l'inventer.

La Harpe dit, dans son éloge académique de Voltaire : « Il a brisé le sceptre du fanatisme qui pesait sur l'univers. » Je pourrais citer pour vous convaincre, lecteurs, bien d'autres faits et écrits qui attestent son orthodoxie. Pour plus de sûreté encore, allez à Ferney visiter son château, ouvert à tous visiteurs. A cinquante pas au-devant de la maison, vous verrez un petit édifice qu'on vous dira être sa chapelle. De là, courez à l'église paroissale qu'il a fait bâtir; vous verrez sur l'autel l'effigie du Sauveur en croix, qu'il adorait.

XXV

Toutefois, n'imputez pas toujours à méchanceté cette noire calomnie. Il suffit qu'un prédicateur l'ait inventée, pour que d'autres de bonne foi la répètent à leur tour. Mais, demandera-t-on, pourquoi cette animosité contre lui? La raison en est simple : c'est qu'au moyen de la superstition et du fanatisme qu'il a foudroyés par ses écrits, il a ruiné l'empire absolu que le clergé, tant séculier que régulier, avait pris sur les âmes qui leur étaient soumises, comme l'enfant l'est à sa mère. Avant lui, et de son temps, au nom de la religion, ses ministres étaient juges et bourreaux des infidèles, des incrédules et des blasphémateurs. C'était peu de les dépouiller de leurs biens, dont un tiers à leur profit; d'incendier leurs maisons; mais on les soumettait, jusqu'à ce que mort s'en suivît, aux appareils de torture la plus raffinée, ou bien on les brûlait à un feu lent pour prolonger leur supplice. Pour un blasphème, tel qu'on en entend trop souvent dans les rues chez les ivrognes et les batailleurs, on arrachait la langue du coupable avec des tenailles, puis on attachait le patient à un poteau planté au milieu d'un bûcher qu'on livrait à la flamme. Le supplice était bien disproportionné à la faute. Et le peuple, et les magistrats de tous ordres, et les gens de cour, et les ambassadeurs, et les rois avec les reines, accouraient à ce spectacle pour jouir des contorsions déloureuses et s'égayer des cris lamentables des martyrs. On compte dix millions de victimes, y compris ceux qui n'ont perdu que leurs biens par la fuite.

XXVI

Le triomphe du patriarche de la philosophie sur ces mœurs barbares, n'est pas le grief le plus sensible du clergé contre lui. Soutenu de ses disciples, au nombre desquels étaient des évêques et beaucoup d'autres ecclésiastiques d'un rang inférieur, il a préparé la révolution qui a retranché une bonne part des bénéfices dévolus aux gens d'Eglise. Vous avez entendu parler des dimes et des prémices. Le curé levait un dixième des céréales et autres fruits de la terre, et avait droit au premier-né de chaque espèce de bétail et même à la première douzaine d'œufs d'une poule, etc. Le tout sans préjudice du casuel pour baptême, relevailles, noces et enterrement. C'était donc bien, avec le seigneur, le mieux renté de la commune.

XXVII

A part cette cause de ruine pour le paysan, il y avait, dans chaque petite ville, deux ou trois couvents de moines et de nones, ou possesseurs de domaines, ou qui chargeaient Dieu de payer, en l'autre monde, leur gras entretien dans celui-ci. Il n'y avait guère misère pour eux, mais tous les cinq à sept ans disette, et tous les douze à quinze famine pour les colons et les petits rentiers ; calamité d'autant plus hative, que la pomme de terre, présent de Parmentier, n'était point encore cultivée. On voyait ces affamés ronger les racines sauvages et paître l'herbe des prairies. Comme notre organisation ne s'accomode pas d'une telle nourriture, la dyssentérie et les fièvres putrides emportaient une bonne partie d'entre eux. Aussi la Savoie était-elle beaucoup moins peuplée que de nos jours.

XXVIII

C'est à la sollicitation de Voltaire qu'on a aboli l'esclavage dans toute l'étendue des possessions françaises ; et à ses remontrances, qu'on a obligation de ne plus empester les églises de la dépouille infecte des morts. Une sédition s'étant élevée à Genève, les bannis au nombre de cent, se réfugièrent auprès de lui. Il leur fit construire des ateliers d'horlogerie ; et c'est ainsi que fut peuplé Ferney, dont le site n'était que broussailles. Ce fut sur ses plaidoyers que les parlements réhabilitèrent la mémoire de Calas et de Serven, condamnés à mort et exécutés, quoi qu'innocents.

XXIX

Est-il Pontife romain ou monarque qui l'ait égalé en tels bienfaits humanitaires ; et, si l'on y joint le mérite des œuvres de son génie, on trouvera que c'est le plus grand homme dont s'honore le monde, depuis plus de mille ans. Les rois étaient plus flattés de son amitié que de celle d'un souverain ; et le plus illustre de son siècle, le grand Frédéric, tint à honneur de composer et de prononcer son panégyrique dans l'Académie royale de Berlin. L'humeur aigrie par les libelles de ses antagonistes cléricaux, il est échappé à sa verve acerbe et mordante des vers satiriques contre eux, entre autres ceux-ci :

« Nos prêtres ne sont pas ce qu'un vain peuple pense,
Notre crédulité fait toute leur science. »

XXX

C'a été un nouveau levain d'animosité contre lui. S'il a nui à leurs intérêts mondains, il a purifié et rendu vénérable la robe viriginale de la réligion, que le fanatisme avait souillé de sang, et la superstition, bigarrée d'oripeaux ridicules.

XXXI

Entreprendre pour son étroit pays ce qu'il a réalisé en partie pour l'Europe, c'est ce que je me proposais dans *les Possédées de Morzine*, dans *la Sainte de Magland*, dans ces *Lamentations* et autres productions prêtes à être livrées à l'imprimerie. La Savoie a déja bien été exploitée par les thaumaturges, mais leurs manigances artificieuses ont toujours été dévoilées par des médecins ou d'autres esprits clairvoyants. Nos populations aborigènes, crédules et d'un sens endormi, ne sont pas les seules dupes de ces impostures pieuses ou intéressées. Notre patrie adoptive a aussi ses exploiteurs sacrés, mâles et femelles. On lit dans le *Léman*, du 13 janvier 1862, publié par M. Dessaix : « Le Tribunal correctionnel de Valence, dans son audience du 15 décembre dernier, a condamné à un mois de prison et 60 francs d'amende, Marie Revoiron, âgée de 13 ans, dite la Sainte de Montmirail, ainsi que sa complice sa belle sœur, la femme Ravoiron, âgée de trente-huit ans. Cette fille, accusée d'escroquerie en abusant de la crédulité publique, restait constamment au lit, se nourrissait d'eau sucrée pendant le jour, et des meilleurs morceaux de viande pendant la nuit, et elle rappelle en tous points l'histoire de la fameuse Sainte de Magland, que les habitants de notre pays n'ont pas encore oubliée. » Un autre journal nous apprend qu'en certains jours solennels, elle recevait jusqu'à quinze cents visiteurs.

XXXII

La *Gazette de Savoie*, du 13 février dernier, nous en annonce une autre : « Voici, y est-il dit, le miracle de la Salette qui vient de se reproduire, et cette fois c'est Monseigneur l'évêque de Tarbes qui semble offrir sa garantie personnelle pour faire croire à l'authenticité du miracle. Une jeune fille a vu la Vierge lui apparaître dix-huit fois

de suite. La jeune fille hallucinée n'a que quatorze ans. »
Dans des articles subséquents : « La Vierge aurait apparu
à Bernadette Soubisons le 11 février 1858, dans la grotte
de Massavieille, près la ville de Lourdes. Des guérisons
nombreuses ont eu lieu par l'eau de la fontaine de la grotte
Massavieille. »

XXXIII

Des églises à Rome, à Mirecourt, à Lyon, à Rouen, à Ar-
ras, viennent successivement d'être gratifiées de lettres mira-
culeuses, envoyées de la Jérusalem céleste. Ecrites de la
main du Rédempteur, en caractères d'or ou de sang, ces
missives sont déposées sur l'autel par un ange entre les
deux élévations, ou au moment que le prêtre monte à l'autel, ou sont trouvées par des enfants de chœur près du sanc-
tuaire. On en a tiré des exemplaires innombrabbles. « Tous
ceux qui auront cette copie dans leurs maisons, promet-
tent les uns, seront préservés de toutes maladies conta-
gibuses sur les personnes et les bestiaux. » « Toutes personnes, est-il assuré en d'autres, soit matelots ou pêcheurs,
qui porteront la copie de cette lettre avec dévotion, seront
préservées de tempête et de naufrage. » Cette copie se
vend deux sous ; le bénéfice est au moins de huit centimes.

XXXIV

Cette jonglerie thaumaturgique rappelle celle d'un cou-
vent de moines siciliens. Ces pères supposèrent une lettre
écrite par la Vierge à l'un des leurs. Des moines d'un autre ordre, jaloux du concours de béats et d'offrandes que
la relique attirait, exhibèrent une épître apocryphe écrite
avec le sang du diable, apportée par un argousin du manoir
infernal.

XXXV

L'Allemagne, pays rêveur et enclin au mysticisme, est celui qui abonde le plus en thaumaturges. En moins de trente ans, il en a surgi trois fameux en Souabe, dans le cours du siècle dernier. De ce nombre fut le curé Gassner. Un bruit qu'il n'avait point provoqué, lui fit une réputation de pouvoir surnaturel à laquelle il ne s'attendait guère. Tout à coup la renommée publia qu'il avait le don de guérir toutes les maladies par la simple imposition des mains. Il accepta la faveur de cette croyance populaire, il se mit à voyager, guérissant et exorcisant partout. Obligé par l'évêque de Constance, qui soupçonnait sa bonne foi, de se soumettre à l'examen du directeur du séminaire, il déclara n'avoir jamais eu la pensée de se croire un saint, ou doué de la faculté de faire des miracles, et s'être contenté d'appliquer le pouvoir que l'ordination confère aux prêtres d'exorciser, au nom de Jésus-Christ, *les diables qui sont une des causes les plus fréquentes de nos maladies.* L'évêque le renvoya dans sa cure, puis lui accorda plus tard l'autorisation refusée. S'étant rendu à Ratisbonne, on y accourait de toute l'Allemagne, de la Suisse et des frontières de France. Mais le besoin de mettre fin à une épidémie de maladies diaboliques et d'obsessions, qui, loin de s'éteindre, faisait chaque jour de nouveaux progrès, détermina les autorités ecclésiastiques à défendre les exorcismes. Puis un rescrit impérial enjoignit à Gassner de quitter Ratisbonne.

XXXVI

Sa mémoire n'était pas encore totalement oubliée, qu'apparut sur la scène le prince Hohenlohe. Il termina ses études théologiques à Ellewangen, ville de la Souabe, dans laquelle Gassner remplit autrefois les fonctions de curé pendant quelque temps. Il réussit principalement à se

mettre bien dans l'esprit des femmes, qui sont un auxi-
liaire puissant pour quiconque médite de frapper un grand
coup sur l'imagination des peuples. Il s'associa à un
homme Martin Michel, thaumaturge rustique qui tra-
vaillait dans l'ombre et le secret, pour se soustraire
à la vigilance de la police. Étant venu à Wurzbourg
avec son acolyte, il aplanit la voie aux manœuvres qu'il
avait combinées, par des sermons sur la puissance de la
foi. Lorsqu'il crut avoir préparé les esprits de la multitude,
il se décida enfin à agir, mais avec cette habileté particu-
lière aux grands, qui leur permet, suivant la manière dont
tournent les événements, de rejeter le blâme sur les petits
qui agissent avec eux, ou de s'approprier le mérite ou les
profits du succès. On les manda chez la princesse de
Schwarzenberg. Paralysée à l'âge nubile depuis moins d'un
an, le docteur Textor avait tellement amélioré son état,
qu'elle pouvait se lever, se tenir debout, et faire agir ses
membres sans la moindre peine ; mais on ne lui permettait
pas encore de marcher, crainte de la fatiguer par des efforts prématurés. Michel seul agit, et le prince se borna
au rôle de simple spectateur. Ayant fait une prière avec
la princesse, il lui commanda de se lever. La malade sor-
tit du lit sans le secours de personne, se débarrassa des
machines dont elle était entourée, alla dans la cour et le
jardin, et parut le lendemain à l'église pour rendre grâce
à Dieu. Le peuple cria au miracle, mais la renommée pro-
clama le nom du prince, sans parler de Michel qui fut
ainsi éclipsé par son élève, et tomba dans l'oubli populaire. Pour se venger, il disait n'avoir pas révélé tous ses
secrets, et beaucoup de personnes de marque lui accor-
daient secrètement la préférence.

XXXVII

Le prince remplit Wurzbourg de guérisons réelles ou

prétendues, dont le récit, grossi par l'exagération natu-
relle au vulgaire, se répandit de tous côtés. De cette ville
il s'en vint à Bamberg; mais là ses opérations ne prirent
pas une tournure agréable pour lui. Le magistrat suprême
fit examiner quelques-uns des individus qui passaient
pour avoir été guéris; mais tous furent trouvés à peu
près dans le même état qu'auparavant. On lui enjoignit de n'opérer que devant une commission nom-
mée pour constater les maladies et le résultat des manœuvres. De vingt-quatre malades, pas un ne s'en trouva
mieux. Après de nouvelles tentatives dans d'autres villes,
à peu près infructueuses, découragé par les tracasseries
des autorités, il se détermina à ne traiter que par correspondance.

XXXVIII

Ce grand faiseur de miracles, oublié aujourd'hui, en
dix-huit cent vingt, jouissait d'une grande réputation de
sainteté parmi les dévotes de la Savoie; et colporteurs et
libraires trouvaient un large débit des brochures où ces
prodiges étaient consignés.

IXL

Parmi les gens qui se livrent aux pratiques thauma-
turgiques, les uns se proposent de raviver ou d'exalter la
foi, d'autres de s'ériger en saints, quelques-uns de monter
aux dignités de l'Eglise, le plus grand nombre de tirer des
tributs des âmes simples. Les moins coupables sont les
hallucinés dont l'imagination ardente enfante le simulacre
du personnage ou de la chose, sujet de leur profonde mé-
ditation. Tels furent beaucoup de pieux cénobites, et probablement Jeanne d'Arc qui croyait entendre la voix de sa
Sainte lui exposer les moyens de délivrer la France de la
présence des Anglais. Un génie, qu'on a appelé le démon

de Socrate, apparaissait à ce philosophe dans ses méditations, et s'occupait de philosophie avec lui. Junius Brutus,
renfermé dans sa tente la veille de la bataille de Philippes,
pendant qu'il en combinait les plans, fut visité par un
fantôme, qui s'entretint avec lui des événements du lendemain. J'ai eu moi-même plusieurs fois de ces hallucina-
tions passagères d'esprit ou de l'ouïe, jamais de la vue.
Bibliophile, j'avais rêvé qu'un ballot de livres m'était arrivé. Tout éveillé, je cours ouvrir la malle où je croyais
les avoir enfermés la veille, et n'y trouve que des hardes.
Plus de vingt fois, et jusqu'à trois dans une nuit, j'ai entendu la sonnette de ma porte m'appeler à grand bruit. Je
vais ouvrir et ne vois personne. Ce phénomène ne se ma-
nifestait qu'après de longues et profondes méditations
poétiques.

XL

Pour combattre les croyances superstitieuses de la multitude, on n'est point systématiquement hostile à l'ordre
respectable des ecclésiastiques. Ces aberrations de la foi
ne viennent pas toujours d'eux, beaucoup dérivent de la
tradition, des légendes, et quelques-unes naissent dans
l'esprit en friche des masses ignorantes. Pillet-Will, ce
bienfaiteur généreux et éclairé de la Savoie, reprochait
aux prêtres qui lui adressaient des lettres en demande de
largesses pour leurs églises, de violer les règles de la grammaire, principe de toute bonne éducation. Toutefois, les
enfants d'Esculape, à l'inverse des autres pays, sont les
moins ignorants en littérature, par la raison qu'allant
compléter leurs études dans les universités étrangères, ils
en rapportent l'amour et le goût des beaux-arts qu'ils y
ont vus en honneurs. Celui-là n'a lu qu'une page du grand
livre du monde, qui n'a vu que son pays. Aussi l'ordre
des médecins a-t-il fourni plus de poètes parmi

nous, que les ordres réunis de la cléricature et du barreau.

XLI

Si, au temps de l'absolutisme, des ministres du culte affichaient des prétentions réprouvées par la morale, et même se portaient à des actes criminels, la presque totalité était restée saine. Si beaucoup n'ont pas encore renoncé aux biens de la terre, ils ont en cela pour excuse le désir bien légitime de rembourser à leur famille les sacrifices qu'elle a faits pour leur éducation, et de pourvoir à l'établissement de leurs neveux et nièces. D'autres laissent en mourant à leur commune les économies qu'ils ont amassées. On ne peut guère blâmer, comme égoïstes inapostoliques, que ceux qui amassent une richesse qui ne profite à personne. Pour trouver des sites à placer des scènes d'églogues, j'ai parcouru presque tous les cantons de la Savoie, depuis le fond des vallées jusqu'aux plus hauts chalets ; dans ces excursions, j'ai eu souvent occasion d'être en rapports avec les curés ; et, bien que je ne leur demandasse pas l'hospitalité, la plupart me l'offraient. Dans quelques localités même, ils ont défendu à leurs paroissiens d'ouvrir auberge, s'offrant d'héberger tous les étrangers.

XLII

Le statut qu'ils ont maudit à son avènement, mériterait aujourd'hui d'être béni par eux. Il a retenu dans les liens du devoir ceux qui auraient été tentés de s'en écarter, et le corps tout entier a gagné en estime. La crainte des journaux a été la sauvegarde de leur moralité. Obligés de riposter à leurs attaques, ils ont senti le besoin de s'exercer aux luttes de l'esprit, et leur savoir s'est étendu.

XLIII

Le principe de nos maux procède de plus haut. Dieu, en créant l'homme à son image, a oublié, trois ou quatre exceptés, les souverains qui nous ont gouvernés jusqu'en 1848, année de notre régénération. Les uns guerriers heureux, quelques autres attachés, comme au bien suprême, à étendre les limites de leurs Etats, et force imbéciles, tous, chacun selon son goût, se sont efforcés de nous façonner à leur ressemblance; et ils n'ont que trop bien atteint leur but. Aussi, dans certains cantons, les pères disent à leurs enfants : C'est aujourd'hui la vogue [fête patronale] à tel endroit; allez vous y battre, et faites honneur au pays. En d'autres, les mâles naissent belliqueux, une pierre dans une main, et un couteau dans l'autre, quelques-uns même dentés et prêts à mordre. La basse classe cède de bonne heure à l'instinct de la maraude et de la rapine; et la bourgeoisie, à une convoitise dangereuse et hypocrite des biens du prochain. Un ingénu viendra chercher le médecin en lui disant : Le malade veut absolument vous voir; vous pouvez bien le soulager, mais non le guérir, attendu que nous devons en hériter ! Un autre, auquel on demande si son père est mort, répondra : Oui, il était vieux, il mangeait plus qu'il ne gagnait; la perte n'est pas grande; ce n'est pas comme si c'était la mort d'une *caillataison* [cochonnée] ! Un gendre interroge un médecin sur l'état de son beau-père dont il doit hériter; celui-ci lui apprend qu'il est en voie de guérison de sa pneumomie. L'intéressé lui réplique avec dépit : A quatre-vingt-deux ans n'être pas soul de vivre ! Ces sentiments inhumains, à force de les entendre manifester, ne révoltent plus notre sensibilité morale, et nous finissons par les trouver presque naturels.

XLIV

« Pendant l'espace de huit siècles, remarque M. Dessaix dans la *Savoie historique*, etc., la Savoie fut morcelée, vendue, échangée, trafiquée, prise, reprise, conquise, découpée, envahie et occupée, vécut esclave au jour le jour, à la merci du premier occupant. » « La politique piémontaise, dit l'abl é Grégoire, fut toujours de s'opposer à tout genre d'établissement qui aurait pu faire fleurir les arts en Savoie, et par un raffinement de cruauté, elle comprimait l'industrie, étouffait l'émulation et tenait le peuple enchainé dans la misère par la crainte que sa prospérité ne tentât l'ambition d'un conquérant: Sûre de ne pouvoir le conserver en temps de guerre, elle se tenait toujours prête à le perdre.... Les Savoisiens étaient les ilotes du Piémont. » Traité ainsi qu'un troupeau vénal, et l'intelligence offusquée par les nuages d'une politique d'abrutissement, la nation n'eut jamais la pensée de revendiquer les droits naturels de disposer d'elle-même. Malgré les exemples encourageants donnés par son héroïque voisine, nuls ne songèrent à en devenir les Guillaume Tell, les Melchthal, les Furst, les Werner et autres champions de l'indépendance et de la liberté helvétiques; tandis que le Piémont compte beaucoup de martyrs de cette noble cause.

XILV

A la Restauration, Victor-Emmanuel 1er inaugura son retour par le rappel de toutes les vieilles lois et institutions en vigueur en 1770. Les chefs militaires, la noblesse et le clergé étaient assurés de l'impunité des délits communs et même pour homicide. Les Cours de justice, certaines de correspondre à la tolérance du pouvoir, s'étoupaient les oreilles aux clameurs accusatrices de la voix publique, et les magistrats connivaient ainsi avec le crime. La protec-

tion d'un grand ou d'un clerc obtenait, en faveur de tout
coupable, une atténuation des peines décernées par la loi.
De là, un encouragement aux sévices, aux viols, aux in-
cendies, etc. On voyait des juges de mandement commettre
leur fonction à leur lieutenant, et plaider devant lui la
cause qui leur était recommandée. Le suppléant, qui souvent n'avait pas même complété ses études de collège, ne
manquait pas d'adopter les conclusions du patron. Il n'é-
tait pas rare d'entendre le plaideur malheureux murmurer
contre son juge de s'être laissé *graisser la patte*. Je connais un juge intègre qu'en trois affaires différentes, des
curés ont mis dans l'alternative de perdre sa place, ou
de rendre un jugement conforme à leur avis, dans des li-
tiges qui les intéressaient, eux, leurs amis ou leur église.
On n'eût pas osé, aux lignes des douanes, fouiller un prêtre, souvent chargé de contrebande. A certains nobles avait
été accordé le privilège de passer en franchise des objets
de commerce, sujets aux droits de douane. D'autres étaient
dispensés, par billets royaux, de payer leurs dettes. Le
numéraire ayant été assujetti au droit de sortie, on prit,
au bureau d'Annemasse, trois cents francs à une femme
qui ne les avait pas déclarés. En 1817, une disette étant
survenue, qui avait quintuplé la valeur des denrées ali-
mentaires, le gouvernement se réserva le monopole de la
vente des céréales. Des blatiers en ayant expédié du Piémont,
pour les vendre à dix pour cent de rabais, la douane arrêta le convoi au Mont-Cenis. Quand l'abondance fut re-
venue avec une meilleure saison, les magasins royaux
furent obligés, pour écouler leur reste, de céder à 30 fr.
ce dont ils avaient refusé 70 l'année précédente. Ainsi ce
buon governo affamait ses sujets dont il devait être le
père; tandis que la police genevoise, pitoyable aux Savoyards pressés par la faim, les autorisait à mendier dans
le canton. En 1689, une peste meurtrière ravagea le Fau-

cigny. « A peine, dit Grillet, les habitants de la Roche e
furent-ils délivrés, que la guerre qui s'alluma entre le
Genevois et le Duc de Savoie leur fit éprouver des mau
pires que les précédents. L'armée du Duc en allant e
Chablais, s'empara de tous les blés qu'elle trouva dans le
environs de la ville, et ce fut en vain que l'on réclam
contre cette injustice. A la restauration, on frappa u
emprunt forcé sur les principaux propriétaires ; mais o
ne remboursa que la moitié à valoir sur les tailles, préten
dant qu'on devait cadeau du reste à un si bon prince
Les grades de l'armée, écrit Fulchiron dans sa *Statistiqu
de l'Italie*, étaient réservés à la noblesse ; à son défaut, o
y laissait arriver le fils de bourgeois. Il nous révèle auss
qu'on avait mis en sérieuse délibération au Conseil roya
de faire sauter, en dépit de la France et pour ne rien lu
devoir, les rampes de la route du Mont-Cenis et le beau
pont de Turin sur le Pô. On fut sans doute détourné de
la mise à exécution de cette extravagance, par la considération des frais de reconstruction. Des ministres censés
se fussent dit au contraire : Ce sont des trophées conqui
sur l'ennemi, défendons sous peine grave de les dégrader

XILVI

Charles-Félix étant à Gênes, reçut un plan de restauration de l'inquisition dans les Etats, envoyé par un de
nos évêques imbu des principes ultramontains. Le Roi,
sans le lire, dit-on, y apposa sa signature, et l'envoya au
contre-seing du ministre Cholay. Visa refusé par celui-ci ;
insistance du monarque ; démission volontaire du ministre
non acceptée par le maître. L'homme d'Etat fit part de son
embarras à l'ambassadeur d'Autriche, qui, sur des instruc-
tions expédiées de Vienne, signifia à Charles-Félix que,
si l'ordonnance était mise en vigueur, une armée autri-
chienne de soixante mille hommes la viendrait faire re-

tirer. En 1815, Victor-Emmanuel Ier promulgua un édit de bannissement, sous quarante jours, de tous les Français domiciliés dans les Etats sardes, avec séquestration des biens et propriétés qui n'auraient pas été vendus dans ce délai. Le cabinet des Tuileries fit signifier à celui de Turin, qu'on allait, par repressaille, expulser de France quatre-vingt mille Savoyards ou autres Sardes, dispersés dans les départements. Le bon Roi se hâta de révoquer l'édit, craignant de voir cette multitude de mécontents se ruer sur Turin, les armes à la main, et le forcer lui-même à courir à son refuge de Cagliari. Cependant que ces négociations avaient lieu entre les deux cours, les Savoyards de l'un et l'autre sexe dansaient la farandole devant les maisons des Français en chantant :

Les francillons, on les chassera ;
Les francillons, on les pendra.

Après l'annexion, on ne les a pas vus saluer d'un pareil adieu la retraite des Piémontais. — Progrès dans les mœurs. —

XLVII

A la rentrée des princes sur le continent, comme s'ils y apportaient de leur île un bonheur assuré pour tous leurs sujets, dans toutes les communes des fêtes s'improvisèrent en leur honneur, aussi pompeuses que le permettait la fortune des habitants. A l'exemple de leurs pères, les adolescents se formèrent en milice citoyenne. Notre bergerot vint prendre place dans les rangs coiffé d'un shako français. A cette vue, toute la compagnie, à coups de sàbre de bois, fondit sur le guerrier pastoral qui regagna son gîte tout piteux, leur laissant pour trophée son couvre-chef impertinent percé de mille trous. En ce temps-là, les familles françaises étaient évincées des bals bourgeois, quand on pouvait se passer d'elles. Tels ont joué ces rôles, qui ont acclamé l'annexion plus haut que les Français eux-mêmes. Tant est que la pudeur des souvenirs ne tient pas devant l'ambition qui aspire à paraître ou à dominer. Si précédé de porcs rôtis et de futailles de pommée, pour le frétin populaire, et d'un bourdon enrichi de décorations de ses ordres, Soulouque le nègre, d'esclave devenu souverain d'Haïti, sollicitait nos suffrages pour la couronne ducale de Savoie, il aurait chance de réussir; et beaucoup iraient avec lui rendre grâce au fétiche serpent d'un événement aussi heureux. Pourquoi serait-il moins bien accueilli et fêté que huit à neuf dynasties qui ont régné successivement sur nos aïeux, et dont quelques-unes ne le valaient pas?

XLVIII

Le parjure et la violation des traités, eussent-ils été des vertus d'État ou des vertus dynastiques, qu'ils n'eussent pas été plus fréquents parmi les princes qui nous ont gouvernés.

XLIX

L'étude et l'histoire des beaux-arts et des lettres, dans les divers États d'Italie, nous montre des ducs et duchesses, des rois et des reines, rehausser les fleurons de leur couronne par l'œillet et l'amarante poétiques. On n'en cite pas un parmi nos souverains. Comment eussent-ils aspiré à la gloire des Muses, eux qui les persécutaient dans leurs sujets? Un intendant étant allé à Paris à dessein d'y faire imprimer un poème, s'adressa à un homme de lettres de nos compatriotes pour recevoir ses conseils. Celui-ci lui représenta que, publié en Savoie, l'ouvrage aurait honoré le pays, et contribué à y répandre le goût de l'art qu'il cultivait. L'auteur lui répliqua qu'il avait craint pour sa place. Il aurait pu ajouter: A quoi servirait? chez nous, on ne lit pas! En effet, deux poètes y ayant édité des ouvrages, fruit de plusieurs années de travail, l'un a vendu quatre exemplaires du sien, et l'autre vingt-cinq. Aussi, nul ne s'y hasarde deux fois. Le Parnasse savoisien compte plus de vingt élus, dont plusieurs sont distingués. Qui les connaît même de nom? qui surtout les a lus? Le Savoyard ne connaît guère les œuvres de ses illustres compatriotes, non plus que les merveilles de son pays, que par le récit qu'en font les étrangers. Nous sommes en cela d'une stupide indifférence. Tous les peuples barbares, les sauvages et même les cannibales ont leurs chants nationaux, ne serait-ce que celui du festin à chair de leurs prisonniers. Avons-nous seulement une chanson populaire? Si, et beaucoup même. Ce sont celles par lesquelles on a chansonné, coupleté, ridiculisé, bafoué, vilipendé les rois de Sardaigne. Celles-là, qui ne les sait pas cœur? Qui ne les a chantées, excepté les clercs, les nobles et les fonctionnaires salariés par l'État. C'est ainsi que se vengent les peuples qu'on a tenus dans l'abaissement, la servitude de l'esprit et l'avilissement de caractère. Si nous sommes réputés le rebut des nations civilisées, c'est moins notre faute, que le crime d'un despotisme abrutissant. Les mesures préventives qu'il prenait contre les idées de progrès, équivalaient à la défense d'étudier autre chose que son programme étroit et rétrograde. Il était en cela puissamment aidé par les douaniers, l'administration des postes et le clergé qui dévalisait les bibliothèques privées et publiques, sous prétexte de les épurer. Pour tout organe de publicité, il n'y avait que le journal officiel, payant son privilège de nuages d'encens et de parfums serviles. Une censure rigoureuse mutilait les écrits nationaux; et la trivialité des idées, la sécheresse du style et la flatterie obligée au pouvoir, les faisaient rejeter avec dégoût. Les hommes qui sentaient en eux le génie des arts ou des lettres, émigraient surtout en France, où leur talent était excité par l'émulation et nourri par de beaux modèles; et des trois cent quarante-deux hommes remarquables ou illustres que la Savoie enregistre dans ses fastes, elle aurait peine à en citer vingt qui lui appartinssent intégralement. La plupart des autres y auraient langui dans la misère et l'obscurité, ou expié leurs patriotiques hardiesses dans les fers ou sur l'échafaud. Dans nos colléges, on ne donne pas même à étudier aux élèves un quatrain tiré de nos poëtes nationaux? ce qui ne manquerait pas cependant d'exciter en eux une louable émulation.

Le gouvernement était si insouciant d'instruction primaire, que Fulchiron n'en a trouvé aucune statistique dans les archives de l'Etat, qu'on avait mises à sa disposition. Cette branche de l'instruction publique était abandonnée à l'initiative des communes et à la libéralité de généreux fondateurs d'écoles. On peut appliquer à la plupart de nos souverains ces vers de Lemière:

> Il est une stupide et lourde déité,
> Le Tmolus autrefois fut par elle habité,
> L'Ignorance est son nom; la Paresse pesante
> L'enfanta sans douleur au bord d'une eau dormante,
> Le Hasard l'accompagne, et l'Erreur la conduit,
> De faux pas en faux pas la Sottise la suit.

Parmi les peuples circonvoisins en-deçà des Monts, ils jouissaient de peu de considération. Dans l'Ain, où j'ai demeuré cinq ans, on ne les désignait guère que sous le nom de rois des marmottes. On a vu des artisans préférer à leur service celui de particuliers illustres. Victor-Amédée III s'étant proposé d'établir à Carouge une manufacture d'or-

fèvrerie, son ambassadeur à Paris y envoya un nommé Du-
puis. Arrivé à Ferney, il alla rendre hommage à Voltaire
dont il était admirateur. Le philosophe railleur le félicita
de l'honneur que lui offrait la fortune d'entrer au service
d'un grand prince. L'artisan lui répliqua qu'il serait moins
flatté de servir un potentat obscur qu'un grand homme
comme lui. Voltaire accepta son offre. Tout philosophe ou
poète, digne de ce nom, eût préféré se laisser fendre la
tête d'un coup de hache, que de porter leur couronne
sans réformer un régime de gouvernement aussi inglo-
rieux.

Les connaissances de l'esprit étaient si négligées, que le
canton de Genève, peuplé à peu près de quarante mille
âmes, a fourni plus de savants que la Savoie, de plus de
cinq cent mille de population. C'en est au point que j'y
ai trouvé onze traités de botanique faits par des Suisses
de langue française, et pas un seul par un Savoyard. L'u-
niversité de Turin ayant créé une chaire de littérature
française, n'a pu trouver parmi nous un sujet capable de
la remplir. Dans l'anthologie nationale publiée par l'honorable M. Philippe, dans un intérêt tout à fait patriotique, on
lit: «Veyrat est mort pauvre, abandonné et laissant une veuve; il n'eut pas même un ami pour l'accompagner à sa
dernière demeure, on ne décora pas même d'une pierre
le coin où repose ses os! Veyrat est cependant le prince de
nos poètes.» Ombre glorieuse! ne regrette pas une frivole dalle tumulaire, le monument élevé à ta patrie par
ton génie laborieux est le seul digne d'attacher les regards
des nobles étrangers; celui-là aura plus de durée que les
épitaphes gravées par l'orgueil sur le marbre qui presse la
cendre obscure de tes compagnons funèbres, dont la vie
n'a brillé que par un vain titre ou un luxe stérile!

A défaut d'esprit capable de discerner leur mérite, mourant dans ta cité, Cervantes y aurait traîné sa vieillesse dans l'indigence; Le Camoëns, fini sa misère sur un grabat d'hôpital; Milton vendu ses livres, s'il eût trouvé acheteur, pour soutenir un reste d'existence; Homère, mendié le pain de ses derniers jours; eux à qui la piété reconnaissante des peuples a érigé plus de statues que tu n'as eu de compatriotes tant soit peu distingués par le talent. Mais vienne s'établir parmi les Savoyards un rustre, repoussé d'ailleurs pour ses mœurs dissolues, apportant des bariques d'or d'une source équivoque et même impure, il pourra se flatter d'attirer à sa cour l'élite obséquieuse et servile de son arrondissement. On jetera même à sa mort son effigie en bronze, pourvu qu'il ait laissé au-delà de quoi la payer.

Au siècle de Midas on ne vit point d'Orphée.

LII

Un charlatan arrivé de Pontoise dans la Métropole de la Savoie, se met à harranguer avec emphase sur la place publique. Plusieurs membres du barreau et de la magistrature, tant assise que debout, accourent autour de lui entendre des leçons d'art oratoire et de leur langue maternelle, qu'on leur avait reproché de défigurer. Les journaux de la localité nous ont révélé que, dans une maison renommée d'éducation de demoiselles, les élèves sont soumises à sept heures trois quarts d'exercice religieux par jour. La directrice ayant réclamé contre cette accusation, une dame a répliqué qu'elle était fondée. Combien donc reste-t-il d'heures pour l'étude des lettres, des sciences, des arts et de l'économie domestique?

LIII

« L'abaissement intellectuel et matériel du paysan des

environs de Chambéry, dit un observateur, a passé en proverbe dans toute la Savoie : « taille voutée et rabougrie généralement, teint blême, face ridée accusant une vieillesse anticipée, etc. L'intelligence n'est pas mieux partagée. La statistique de Monseigneur Billet accuse 67 enfants illétrés sur 100. » On attribue cet abâtardissement à l'avarice des propriétaires du sol, qui imposent dans les baux à ferme des clauses exorbitantes pour le fermier, forcé de les accepter pour ne pas tout-à-fait mourir de faim. C'est, entre leurs doigts, les veines de ce malheureux, qu'ils pressurent jusqu'à ce qu'il ne lui reste de sang que ce qu'il faut pour ne pas défaillir. Pour que l'enfant ne soit pas distrait de la culture des champs, certaines dames lui arrachent le catéchisme qu'elles surprennent en ses mains, prétendant que l'étude n'est pas de leur caste. Elles nourrissent ainsi, au dépens de l'âme et du corps de leur fermier, le luxe de leur toilette et de leur maison, qui leur attire la considération des merveilleuses et des dandys. Ce n'est pas à elles que l'on peut appliquer cette pensée du poète Ronsard sur l'homme d'honneur :

« Il porte en son esprit
L'honneur que ses voisins portent sur leur habit. »

Chez elles c'est tout le contraire : l'éclat du vêtement supplée à celui de l'intelligence. Il en était de même du beau sexe savoisien dans toutes les provinces. Son éducation se bornait à la lecture, l'écriture et quelques travaux d'aiguille. Tout leur art pour plaire était, est même encore pour beaucoup, l'artifice de la mise en scène de leur personne. Par préjugés religieux, les demoiselles fuyaient, comme pestiférée, la littérature profane qui aurait meublé leur mémoire de beaux faits, orné leur esprit, échauffé leur imagination et charmé leurs loisirs. Désœuvrées la moitié du jour, elles éprouvaient le besoin de se réunir pour éloigner ensemble les peines de l'ennui. Leur conversation n'est que propos de caillettes. Elles savent ce qu'elles devraient ignorer, et ignorent ce qu'elles devraient savoir. Ainsi elles s'apprennent combien il y a de filles enceintes dans la ville, et de qui ; le temps qu'a encore une dame à porter son fruit, quels seront parrain et marraine de l'enfant, quels seront les cadeaux qu'ils s'entre-feront ; combien a coûté le châle de cachemire, la robe de satin de madame une telle, ou le chapeau de velours de mademoiselle ; quelle est la modiste à la ronde qui donne la plus belle tournure à la confection ; quels sont les prétendants malheureux d'une de leurs compagnes, etc. Avec ces défauts, si l'une d'elles a des goûts plus nobles, s'adonne au culte de l'esprit, soigne mieux son langage, elles s'en moquent, la traitent de prétentieuse, de pédante. Cependant arrivent les soupirants ; et, faute de mieux de part et d'autre, on accepte ce que l'on trouve. Du reste, qui se ressemblent s'assemblent. Viennent ensuite les enfants ; l'éducation maternelle n'ayant pas même reçu une ébauche, ils ne terminent leur cours de collége que fort tard. Je les voyais arriver à l'Université de Paris à vingt-quatre et même vingt-huit ans, incapables encore de passer leur examen de bachelier ès-lettres ou ès-sciences, tandis que j'admirais des Français qui les avaient subis avec succès à seize ans. Ceux-ci, avec tant d'avance, montaient de bonne heure à la haute clientèle ou aux postes rétribués par l'Etat, et nos Savoisiens végétaient dans les bas-fonds de la profession, et faisaient des mariages en harmonie avec leur piteuse figure.

Si telle était l'éducation des citadins, combien était plus déplorable celle des campagnards ! Les touristes qui passent de la Suisse en Savoie sont choqués du contraste. Il y a dix-huit ans, comme je parcourais nos sites en cette qualité, j'arrive un dimanche matin dans un bourg assez fréquenté par les étrangers. M'étant mis en relation avec un peintre qui s'y trouvait, je lui témoignai ma surprise de voir arriver beaucoup de montagnards, les pieds blessés par leur chaussure qu'ils portaient, les uns à la main, les autres dans un panier. Il se prit à rire et me dit que c'était pour ménager leurs souliers, qu'ils ne chaussent qu'à la porte de l'Eglise ; qu'ils en ont hérité de leurs aïeuls et les transmettront par testament à leur descendance ; et qu'ainsi une chaussure sert à cinq ou six générations. Il m'apprit aussi que le curé, trouvant fort indécent qu'ils souillassent les dalles du saint lieu de leurs excressions buccales et nasales, dans un sermon sur la civilité puérile, leur avait recommandé, pour ces fonctions, d'user de mouchoirs. Faute de cette pièce, l'une se sert d'un tablier, une autre d'un drapeau d'enfant, celui-ci en découpe une dans son giron de chemise, celui-là dans un vieux drap de lit. Le dimanche suivant, au retour de l'office, on étale à sécher les mouchoirs improvisés, qui sur une haie, qui sur un mur de clôture, qui sur un hûcher, qui dans un hangar. Le dimanche d'après la fille prendra le mouchoir qui a servi à la mère ou au frère, et le carré de toile mouché ainsi successivement toute la famille.

LV.

Le marquis de P......, ex-pair de France, fort connu par sa piété et sa science, voyageant en Savoie, s'arrêta quelques jours dans une résidence décorée du titre de ville par patente royale. Charmé de l'accueil qu'il avait reçu des habitants, mais les ayant trouvés fort ignorants, à son retour à Paris il leur envoya une bibliothèque de livres de choix, tous reliés. A la réception du colis, le Conseil communal se réunit, délibère sur la convenance de l'acceptation, et conclut au rejet du cadeau, par le considérant que ces imprimés peuvent contenir des doctrines hérétiques. Informé de la décision, l'auteur du don charge un libraire d'une autre ville de retirer les livres et de les vendre à bon marché. Instruit de cette occasion avantageuse, je me transporte chez le marchand pour tout acheter ; mais la collection avait déjà été écrémée par des amateurs et ce qui me resta était d'excellents livres : l'*Histoire ancienne* de l'abbé Rollin, des *Traités d'économie rurale, de zoologie, de botanique*, etc., tous ouvrages très-orthodoxes.

LVI

La cause de la pourriture des parmentières dans les sillons a échappé jusqu'ici à l'œil de la science ; nos paysans limitrophes de la Suisse, ayant cru la trouver dans le gaz d'éclairage, ont parlé plusieurs fois d'en aller briser le réservoir à Genève avec les reverbères qu'il alimente. Cette ville s'est, dit-on, émue un moment de leurs menaces de démolir le monument de l'*Escalade*, qu'elle a érigé en souvenir d'une victoire remportée sur leurs aïeux, dans un assaut impie qu'ils avaient tenté en pleine paix. On les voit aussi, par jalousie ou vengeance, commettre des déprédations sur les propriétés de leurs voisins nationaux. Ils scieront, pendant la nuit, tout un plant d'arbres à fruits du verger, ou bien saccageront les produits du jardin, sans en rien emporter ; heureux quand la méchanceté ne va pas jusqu'à l'incendie. Ils n'en fréquentent pas moins les sacrements ; mais, soit qu'ils n'en comprennent pas l'auguste sainteté, soit que leur piété soit toute d'imitation, ils ne réparent point les préjudices qu'ils ont causés. Je n'ai connu en Savoie qu'un athée, ou plutôt idolâtre. C'était un paysan. Comme on parlait dans un cabaret des châtiments que Dieu réserve aux malfaiteurs, il tire sa bourse, la verse sur la table en disant : « Voilà mon Dieu. » Sa déité s'est retirée de lui, car il est mort à Paris mendiant parmi ses compatriotes. Dans le court espace de la semaine après Pâques, de trois ivrognes l'un tombe par l'escalier d'un cabaret et se tue, un autre sous un pont, et le troisième sous sa charette qui lui passe sur les cuisses.

LVII

Si la Savoie est pauvre en athées, par contre, et ce qui n'en vaut guère mieux, elle est riche en matérialistes parmi les gens de plume et de savoir. L'âme est un mythe pour beaucoup; pour d'autres, si elle existe, elle ne mérite qu'un culte et des soins subalternes à ceux du corps. La poursuite du gain, la bonne chère, les voluptés sensuelles, absorbent leur vie et tempèrent l'ennui de leurs pesants loisirs.

LVIII

Les filles du hameau ne livrent souvent à leurs jeunes époux qu'un corps privé du sceau de l'innocence. Dans les bourgs, l'adultère et le concubinage ne sont guère moins fréquents que dans les cités populeuses, avec ce scandale de plus, que tout le monde le sait. La dépravation morale et charnelle de la ville de Loth n'est pas inconnue, mais, comme partout, n'assouvit sa brutalité que dans l'ombre du secret.

LIX

Les gentilshommes quittaient le collège avant d'achever leurs classes, pour le métier des armes. Rentrés dans leur foyer, pour jouir de leur pension ou d'un congé, leurs passe-temps étaient un commerce avec les villageoises, que les petits bourgeois se laissaient ensuite un honneur d'épouser. Les châtelaines prétendaient en l'autre vie les mêmes priviléges qu'en celle-ci; et la sœur d'un évêque disait : *Berger de cochon en ce monde, berger de cochon en l'autre*. Les œufs, selon elle, n'étaient pas pondus pour les manants.

LX

Le Sénat s'enorgueillit d'avoir eu un président d'un caractère assez ferme pour refuser d'enregistrer un édit royal contraire aux lois. Cette dignité de cœur a été peu imitée par la magistrature. Un avocat général l'ayant querellé sur le port de la barbe, soit qu'il la trouvât malséante, soit qu'elle ne lui eût jamais poussé par infirmité de nature, en moins de trois jours, la réprimande ayant volé comme l'éclair, le corps judiciaire s'était retranché ce chaud et viril ajustement. L'un, pris d'une rage de dents, bave toute une semaine dans sa cuvette; un autre se lamente d'une douleur aiguë qui lui traverse le tympan; un troisième siége, la figure hébétée d'une migraine, et le plaideur doute que ce soit-là son juge. Un soldat de Brennus, ayant passé une main caressante sur la barbe d'un sénateur romain, en reçut sur la tête un coup de de son sceptre d'ivoire, et ce fut le signal du massacre entier de cette assemblée auguste. Notre armée expéditionnaire d'Orient n'a pu encore s'y recruter parmi les prolétaires, qui se refusaient à l'indignité de dépouiller leur barbe. Un peintre qui s'aviserait de représenter Jésus-Christ avec la figure glabre, serait condamné pour caricature de la divinité par ceux mêmes qui se mutilent. Cependant quelle majesté ne donne pas à la physionomie cet ornement naturel! Otez au lion sa crinière, il est humilié de sa dégradation.

LXI.

Nous ne sommes pas non plus exempts du reproche de flatteries, flatteries quelquefois bien imprudentes et maladroites. A la veille de passer sous un sceptre nouveau, la Savoie fut visitée par un dignitaire de la couronne. Dans l'une des villes où il fut harangué, l'orateur lui jura que nous serions aussi fidèles au souverain attendu, que l'avait été au sien une de nos célébrités qui en avait été comblée de bienfaits et d'honneur. Le malencontreux harangueur ne s'était pas assuré auparavant, que ce personnage était du nombre de ceux qui avaient prononcé la déchéance de son maître, pour aller faire sa cour à son successeur qui approchait. Un autre jour, un des ministres étant de passage dans une ville, on convoqua le Conseil pour entendre une communication qu'il avait à faire. Là, il invite l'Assemblée à exprimer les besoins de la commune. Personne ne répondant, plein de bonnes intentions, il insiste et presse chacun d'exposer les nécessités, les souffrances du pays, bien disposé à les soulager. L'un des plus qualifiés déclare alors qu'on n'a besoin de rien. L'homme d'Etat, ravi d'avoir vu le paradis terrestre, va chercher ailleurs des infortunes à tempérer. Or, la commune de trois mille âmes compte six cents pauvres, est grevée d'une dette qu'elle ne pourra éteindre en cinquante ans, et cherche des fonds pour ses édifices religieux à réparer. Qu'on juge par là du mécontentement général. Il est des fonctionnaires qui, après un dîner d'amis, ne manquent pas de faire suivre leurs grâces du cri de *Vive le Roi*, comme si le vent devait porter cet hommage à l'oreille du souverain.

LXII.

Détestables flatteurs, présent le plus funeste
Que puisse faire aux rois la colère céleste!

En effet, quand le Suzerain éternel veut châtier ou

perdre un de ses vassaux temporels, il l'obsède d'adulateurs qui le poussent d'abus en abus d'autorité, et de là dans des désastres ou l'abîme. Alexandre Sévère l'avait bien compris. Ayant remarqué que bon nombre de ses prédécesseurs s'étaient perdus de la sorte, en prenant possession du palais impérial il en balaya à la rue tous ces reptiles à voix de sirène. Le nettoyage lui réussit à merveille, car son règne fut glorieux et il mourut paisiblement dans son lit.

LXIII

Le talent fécond, la vertu philosophique, la trempe virile du caractère, sont les trois conditions dont l'ensemble constitue le grand homme. La première qualité est assez commune en Savoie, la seconde y est déjà plus rare ; et la troisième, il faut la chercher avec la lanterne de Diogène. On peut être un homme marquant ou même illustre avec une ou deux d'entre elles ; on ne monte au plus haut rang qu'avec la réunion de toutes. Je ne connais pas de personnage qui ait plus approché de la dernière catégorie que saint François de Sales. Avec des emplois lucratifs et quelques hochets de la vanité, on triomphe des principes de presque tous les savoyards. Cette indigence d'illustration parmi eux, tient à ce que leur civilisation est moins morale que matérielle, en tant que l'activité de leur esprit se porte presque exclusivement aux biens de la fortune. Ils ignorent ou négligent les avantages présents et futurs attachés à la renommée artistique, philosophique et littéraire.

LXIV

Quand les Hellènes s'insurgèrent, en 1817, contre les Turcs pour recouvrer leur nationalité, tous les peuples de l'Europe, en souvenir de leurs illustres ancêtres, ouvrirent des souscriptions pour leur envoyer des subsides en armes et en argent; et deux flottes appuyées d'une armée de terre, contraignirent la Porte ottomane à lâcher cette proie. A l'exemple d'Alexandre le Grand qui, dans le sac de Thèbes, épargna la maison et sauva la famille du poète Pindare, Tamerlan, qui renversa soixante grandes villes de l'Asie, plaçait auparavant des sentinelles devant les maisons des hommes illustres, chargées de les préserver de la destruction. Dans les guerres récentes des Italiens pour leur affranchissement du joug autrichien, les journaux et une foule de brochures sollicitèrent le gouvernement français à payer d'un prompt secours la dette de reconnaissance de la nation, pour la civilisation qu'elle en avait reçue de ses artistes et de ses poètes, etc. En nos temps, des souscriptions en faveur des petites-nièces de Corneille, de Racine et de Chateaubriand, attestent les sympathies des âmes généreuses pour la descendance des écrivains illustres. On n'a rien vu de tel en faveur de notre nation, ou de notre pays pour ses enfants. Si des maîtres barbares nous eussent écrasés, nous n'eussions pas même obtenu une pitié stérile. C'est, aurait-on dit, un peuple obscur et grossier auquel nous ne devons rien. Rebelle à la civilisation, qu'il périsse; après lui en viendra un plus digne de nos sympathies.

<h2 style="text-align:center">LXV</h2>

L'interdit frappé sur l'érudition, la philosophie et les lettres, l'esprit se repliait sur les intérêts matériels; et les goûts, sur les sensualités. L'éducation était manquée parce qu'elle était incomplète; et les sujets voués aux professions libérales ne connaissaient guère que ce qui avait rapport à leur état. Qu'en un banquet se trouvassent dix savoisiens, un piémontais et un français: l'entretien des premiers n'eût roulé que sur la gastronomie, la succulence des mets, la délicatesse des vins, les prometions dans les fonctions, les mariages et les grosses dots, les riches héritages, des procès gagnés ou perdus, les opérations de la bande noire, etc. Les deux étrangers, pour égayer la société, auraient cité, chacun dans sa langue, des distiques ou quatrains sur ces divers sujets. Les savoisiens, à l'issue du repas, eussent dit entre eux : « Les piémontais sont *blagueurs*, mais les français enchérissent sur eux. » C'est même aujourd'hui l'opinion qu'on a des deux peuples.

LXVI

Supposons maintenant une assemblée électorale, tenue en plein air, qui attende deux candidats qui doivent faire leur profession de foi politique, économique et morale. Arrive un brillant équipage, monté d'un cocher par devant avec laquais par derrière en riche livrée, et attelé d'une couple de chevaux anglais superbement harnachés. En descend Apicius dans une mise fraîche et à la mode nouvelle. C'est, du reste, un homme de bonne mine et d'un ton exquis. Candidat aquatique, il est en train d'exécuter sa tournée dans le fond des vallées, sillonnées de routes carrossables qui longent le cours des rivières. Il a maintefois levé le nez en l'air et braqué son monocle sur les deux flancs des montagnes en regard, où il a aperçu, en clignant un œil d'envie, les clochers de villages assis sur des hauteurs. Comme on n'y peut gravir qu'à pieds et par de suants roidillons, et qu'on n'y trouve à manger qu'un pain rebuté des chiens aristocrates, il s'est contenté d'y faire porter ses bulletins par le facteur ou des affidés.

LXVII

Arrive après lui, à pieds et tout essoufflé, Aristide en paletot de gros drap, chapeau gras de sueur et roussi par le soleil, avec guêtres de cuir et souliers ferrés. Il descend des montagnes et s'est pressé pour se trouver à l'heure à la réunion préparatoire. Son habitude extérieure est posée, aussi éloignée de la gravité que de la prétention; sa politesse est simple sans rusticité, sa figure annonce l'intelligence et la réflexion.

LXVIII

Apicius ouvre la séance à peu près en ces termes: « Messieurs, cette section électorale ayant à élire un député pour la représenter à la prochaine législature, je viens briguer l'honneur de vos suffrages à cette importante fonction nationale. Pour me rendre capable d'en bien remplir les devoirs, je viens de parcourir les divers cantons de la circonscription afin d'en étudier les besoins et de m'efforcer d'y donner satisfaction. Parmi les améliorations les plus urgentes, l'agriculture, en souffrance faute de capitaux, réclame le secours d'une banque de crédit. En plusieurs localités, des torrents dévastateurs attendent des endiguements. Ici c'est un pont écroulé à relever, un autre à rétablir, là des chemins vicinaux à réparer ou à frayer; ailleurs un embranchement de voie ferrée pour desservir les nombreuses populations de la vallée; plus loin, des mines de houille ou de fer à ouvrir, pour lesquelles on appelle les fonds des capitalistes; en certains endroits, les édifices publics menacent ruine et exigent pour leur restauration les subventions de l'Etat. » Après sa harangue sur ses plans d'économie sociale, il se retire puis va rendre visite aux notables. Il dit au maire: « Je viens vous féliciter de votre habileté en administration communale, monsieur le préfet m'en a parlé, il en est enchanté. Vous dirigeriez tout aussi bien une sous-préfecture. Cela vous sourirait-il? » Au président du tribunal: « Vos longs et loyaux services dans la magistrature judiciaire auraient déjà dû vous promouvoir au siége du tribunal d'appel, ou tout au moins à celui du chef-lieu du département. Mais son excellence, monsieur le ministre de la justice a tant affaire, qu'il est besoin de lui rappeler vos mérites. » A un avocat : « Je vous fais mes biens sincères compliments de vos succès. Votre place serait au Conseil-d'Etat. Eh ! pas même décoré ! Il ne faut pas être si modeste ; ça se demande. » A un médecin : « Quoi ! pas encore dans l'arrondissement de service de médecin des épidémies ou de vaccine ! Cette fonction vous revient. Le traitement est minime ; quelques centaines de francs, mais ça mène à la clientèle, hem ! ça vous va-t-il ? » Au curé : « Votre presbytère est délabré, la voûte de l'église se lézarde ; il serait déplorable qu'elle vînt à s'effondrer sur votre tête. Combien faudrait-il ? une dixaine de mille francs ? On pourrait obtenir de l'Etat une partie du subside.

LXIX

Aristide a pris à son tour la parole et s'est exprimé en ces mots : « Citoyens électeurs, des amis trop bienveillants m'ont souvent reproché de me tenir éloigné des affaires publiques, quand vous pourriez, me font-ils l'honneur de prétendre, être utile à vos concitoyens par vos études théoriques et pratiques sur l'ensemble des connaissances humaines, tant dans les sciences que dans les arts. Vous avez parcouru les différents Etats de l'Europe et séjourné dans leurs capitales pour connaître les lois, les institutions, la civilisation, les mœurs et les usages de ces peuples. Vous avez consigné vos observations dans des ouvrages moins connus de vos compatriotes que des étrangers, et qui contribueront peut-être un jour à la gloire de la patrie. Dédaigneux du superflu et des biens frivoles, vous avez été souvent plus dans l'embarras de refuser les faveurs de la fortune qu'on vous offrait, que vos con-

currents, ne mettent d'ardeur à poursuivre vos rebuts. Ces
conditions de capacité, jointes à tant de désintéressement,
nous sont garant de l'excellence du choix que nous ferons
pour nous représenter au Corps législatif.

LXX

Si j'échoue, la faute en sera à ceux du mauvais choix
qu'ils auront fait, et je me réjouirai avec vous que le pays
ait fait tomber le sien sur un plus digne de son mandat.
—Dans ma tournée électorale, je me suis abouché, pour
connaître les souffrances physiques et morales des cantons, avec les citoyens de toutes les classes, éparses depuis le fond des vallées jusqu'aux châlets. Bien que les
besoins matériels signalés par mon honorable concurrent,
après les journaux, réclament notre sollicitude, j'ai pour-
tant remarqué que les besoins moraux et intellectuels sont
encore plus urgents. N'osant moi-même, de peur de bles-
ser l'amour-propre national, crayonner le tableau de nos
mœurs populaires, et des maux engendrés par l'ignorance
des populations rurales et des artisans citadins, je vais
mettre sous vos yeux l'esquisse fort incomplète, mais un
peu chargée, qu'en ont faite les peuples qui nous entou-
rent.

LXXI

Déjà, dans l'antiquité, les Romains disaient de ceux
qui parlaient mal leur langue : «*Il parle latin comme un
Allobroge.*» De même on dit : «*Il parle français comme
un Allemand.*» On lit dans la statistique dressée par Ver-
neilh, préfet du Mont-Blanc sous le premier Empire, que
les italiens modernes nous qualifient de *testa dura*, qu'il
faut interpréter par cervelle difficile à la compréhension.
—Pour certain genevois, un savoyard ne vaut pas la
peine qu'on lui crache à la figure. La satire, la carica-

ture, des chansons tant en patois qu'en français, écrit
« M. Dessaix » et a été employé par des génevois pour
« ridiculiser les savoyards. » Aussi voit-on peu d'unions
matrimoniales entre familles genevoises et savoisiennes,
du moins parmi la haute bourgeoisie. Dans les lexiques
français on trouve comme synonymes du mot savoyard :
*goth, ostrogoth, allobroge, rustre, grossier, mal léché,
qui a le sens, qui a l'esprit de travers, ramoneur, mon-
treur de marmottes, hirondelle de cheminée, malhonnête,
sans éducation.* M. le marquis de Chaumont, poète national, nous apprend qu'à Paris un mauvais chanteur est
un savoyard de chanteur; un garçon de café maladroit ou
qui fait attendre, *un savoyard de garçon;* un vent qui
s'engouffre sous une crinoline ou culbute un chapeau, *un
savoyard de vent;* un temps désagréable, *un savoyard de
temps;* et le mot *savoyard* signifie *malotru, va-nu-pied.*
— A l'occasion de l'annexion, on lisait dans les journaux
français : *La Savoie ne produit que des ramoneurs, des
montreurs de marmottes.* — *La Savoie est le pays des
marmottes et des ramoneurs, et tous les savoyards excel-
lent dans l'art de ramoner les cheminées.* — *La Savoie
est un pays pauvre et un pauvre pays.* (Ce dernier
trait s'adresse à l'esprit et à la morale.) — *La Savoie a
passé pour un pays pauvre et presque pour un pauvre
pays, sans culture ni civilisation.* — *Rien de bon ne peut
sortir de la tête du savoyard.* — *La Savoie est un misé-
rable lopin de terre, ses villes des bicoques.* — *La Savoie est un rocher nu, une bribe, montagneuse habitée par
six cent mille malheureux!*
— Journaux savoisiens : *La société parisienne appelle
notre pays « la pauvre Savoie. »* — *En France on in-
jurie quelqu'un en l'appelant « savoyard. »* — *La rive
savoisienne offre les livrées de la misère et du désordre.*
— *Il faudrait de longues années de compression pour

faire sortir le savoisien de son apathie habituelle. —
Dans les classes inférieures, à peine un individu pense
sur cent. — Le savoyard passe pour béotien, pour manant.
Quand les Quarante présentèrent à l'Empereur l'adresse
de demande d'annexion, les beaux-esprits de Paris disaient : « Entre eux tous ils ne sont pas capables de l'a-
voir faite. »

LXXII

» Voilà donc ce qu'on lit, maintenant voici des faits :
Que vous présentiez un manuscrit à un éditeur, s'il découvre votre origine, il vous le rendra sans le lire, pen-
sant qu'une telle provenance ne promet rien de bon ni de
beau dans les arts d'imagination. Quand vous l'aurez
édité à vos frais, vous aurez peine à trouver un libraire
qui consente à en accepter en dépôt pour la vente. Nos
propres compatriotes ont les mêmes préventions et ne
croient au génie d'un des leurs qu'autant qu'un étranger, fût-il moins instruit qu'eux, en aura reconnu l'em-
preinte dans les œuvres de l'auteur. On n'est point pro-
phète dans son pays. A cause du nom de savoyard, que de
places et d'emplois manqués ! que de préliminaires de mariages rompus ! Donnez à un parisien le nom de Sa-
moyède ou de Lapon, il en rira, parce qu'on plaint, on
prend en pitié ces peuplades, on ne les méprise pas.
Mais au nom de Savoyard ou de sujet du roi des marmottes, c'est une injure qui ne se lave que dans le sang.
Entre gens de guerre ou bourgeois, c'est un duel ; entre
artisans, une lutte atroce à coups de poings et coups de
pieds. Parmi les fashionables savoyards qui habitent la
capitale, les uns se disent suisses, genevois, français de la
frontière sarde, d'autres, pour dépister du leur origine,
se donnent le nom de savoisiens. Les savoyards, dit un
journaliste, s'appellent entre eux savoisiens, pour ne pas

passer pour auvergnats. » Cette supercherie leur épargne beaucoup d'humiliations. A l'époque de l'Exposition universelle, revenant de Saint-Cloud, en omnibus avec un compatriote, un élégant nous ayant demandé notre pays dans le cours de la conversation : Savoisiens, répondîmes-nous. *Ah! oui*, répliqua-t-il, *la Belgique a envoyé beaucoup de savoisiens à nos fêtes !* Ainsi les belges, les suisses, les genevois et les auvergnats auraient bien d'indemnités à nous demander pour le tort causé par nos sottises à leur réputation d'esprit.

LXXIII

Le ságe qui réhabiliterait le nom savoisien dans l'estime de l'Europe, mériterait le surnom de divin. Il aurait plus fait pour sa patrie, que d'y verser des millions. Il rendrait un immense service aux émigrants et préviendrait en faveur des sédentaires. Mais ce qu'il est impossible à un d'exécuter, est possible à plusieurs. On formerait une société de civilisation pour laquelle on ferait appel aux théologiens, aux moralistes, aux philosophes, aux poètes, aux journalistes, aux médecins, aux artistes, aux économistes, aux capitalistes, s'engageant tous à coopérer de leurs forces à l'œuvre régénératrice, et dans la nature de leur spécialité. Au lieu d'être la Béotie moderne, la Savoie deviendrait la nouvelle Arcadie habitée par des dieux bienfaisants. Sinon l'âge d'or, du moins une ère approchante naîtrait parmi nous; et ceux-là mourraient avec regret, qui n'auraient pu se permettre de visiter cet asile des muses champêtres.

LXXIV

Dans des plateaux élevés, sous des toits surbaissés, construits de copeaux et chargés de pierres pour résister au vent, végètent et languissent des familles pastorales;

Leur pain d'un méteil de menus grains, large comme une meule, plat comme de la galette, cuit depuis huit mois et dur comme de la corne, ne s'ouvre qu'au tranchant de la hache. Ailleurs le pain est une composition compacte de pommes de terre cuites avec de la farine d'avoine et de sarrasin, d'un noir d'ébène et d'un brillant glacé à la tranche et devenu rance par la fermentation. Ces pains se mangent ramollis dans du petit-lait ou du bas-beurre, aliment et boisson de leur chétif régime. Le lait, ils le réservent pour la fabrication du fromage et du beurre qu'ils vendent au marché. Cette nourriture ne contenant pas tous les principes organiques dont se compose le corps, ceux qui n'y peuvent rien ajouter en souffrent presque tous. De là ces ulcères des chairs et des os chez les enfants, cette nubilité tardive chez les filles, et ces douleurs nerveuses d'entrailles chez les mères. Joignez à cette misère l'absence complète de tout soin hygiénique, et la vermine de plus d'une sorte qui leur suce le peu de bon sang qui leur reste. Si cette alimentation ne recevait l'adjuvant d'un air embaumé des molécules vivifiantes des plantes aromatiques, la vie serait encore plus précaire. Nonobstant cette pauvreté, ces pasteurs sont d'une hospitalité antique et d'une probité à toute épreuve. Si à leur table de vingt-cinq centimes par tête, on pouvait en ajouter dix ou quinze, on les rendrait complètement heureux. Comment y arriver? Par l'instruction.

LXXV

Dans les villages intermédiaires à ces habiteurs et aux villes, il y a moins à corriger. Dans celles-ci, la classe des artisans, moins ignorante, est souvent mal embouchée, adonnée à la crapule et à la débauche, et les prolétaires, à l'oisiveté, à la maraude et à la rapine. On les morigénerait par des leçons orales et des livres moraux. Quand aux notables, beaucoup d'entre eux, plus savants que les législateurs, passent à travers les mailles du filet des lois, emportant la dépouille, qui d'un neveu, qui d'un oncle, qui d'un ami, qui d'un homme simple et crédule. Ce sont les normands de l'Est. On inculquerait pour ces derniers la honte et le mépris dûs aux actions malhonnêtes.

LXXVI

» J'ai vécu dans toutes les capitales de l'Europe, même à Londres où la vie est la plus chère, à cinq francs par jour. Votre représentant, en raison de ses fonctions, serait suffisamment servi à dix francs. Quinze serait déjà du luxe. A dépenser les quatre-vingts de traitement qu'on dit alloués à chaque député, il faut perdre au moins huit heures en oisiveté indigne d'un esprit économe du temps. Resterait donc, au pis aller, soixante-cinq francs d'épargne. En grossir ses revenus, décèlerait une âme cupidement basse. Ils seraient utilement employés à l'impression de traités appropriés aux besoins moraux, intellectuels, etc. des différentes classes de nos concitoyens. On les livrerait au prix de revient pour en rendre l'acquisition accessible au plus grand nombre. Voilà, citoyens électeurs, mes plans de réforme que vous approuverez ou condamnerez par vos votes au jour de l'élection.

LXXVII

Du reste, Aristide n'a point humilié sa dignité à mendier le suffrage de personne en particulier. Le jour de la lutte électorale arrive, et le dépouillement du scrutin annonce le triomphe d'Apicius au quatre cinquièmes de voix de majorité. C'est à leurs yeux charnels, que nos électeurs ont confié leur choix entre ces deux candidats, tandis que c'était avec la prunelle de l'œil de l'esprit qu'ils

devaient analyser et juger leur capacité relative. Nos savoyards n'ont point encore assez de perspicacité pour discerner le talent modeste de la sottise fastueuse, la magna-
nimité de l'ambition. Le Parlement lui demandait un
sage servi par une langue éloquente, ils lui envoient un
lingot d'or coulé sous figure humaine. Si jamais ce fantôme de représentant ouvre la bouche au Palais-Bourbon,
ce sera pour y débiter ou lire un discours composé, d'a-
près quelques notes, par un écrivain en échoppe, sur des
lieux communs aussi convenables aux Vosges, au Puy-de-
Dôme qu'à la Savoie. Il fera sa cour aux Tuilleries,
mais n'aura que la valeur d'une voix au Parlement. Au
lieu que la haute raison, les vastes connaissances et la fa-
cilité de rédaction du philosophe, l'eussent souvent fait
nommer rapporteur dans les commissions; et son éloquence mâle dans les discussions eût souvent rallié à son
opinion l'assentiment de la majorité. Le parisien, admirateur du talent, eût applaudi et fût revenu de ses préventions d'ineptie envers la Savoie. Rédempteur de la gloire
nationale, on l'a méconnu et on lui a préféré Barrabas.
Les courtiers de ce dernier, qui ont intrigué pour son
élection dans des vues personnelles, sont déjà oubliés de
lui, quand ils n'auraient pas compté sur le crédit d'un
homme sans influence. Et, châtiment bien mérité, leurs
enfants les renieront en renonçant leur pays à l'étranger,
ou périront en des duels soutenus en l'honneur de leur
berceau.

LXXVIII

« Que gagnerez-vous, me demande-t-on, à pousser vos
lamentations sur les maux du pays? » Ce que l'on gagne
à vouloir civiliser des barbares! Pindare ayant entrepris
de moraliser des béotiens, ses compatriotes, et de galvani-
ser, de l'aiguillon poétique, leur apathie pour des lettres

et les beaux-arts, dans lesquels les athéniens avaient acquis une gloire impérissable, tandis que sa patrie était couverte d'opprobre; ces *esprits de travers* le dénoncèrent au tribunal pour diffamation nationale. Condamné à une amende ruineuse, il se réfugia chez les athéniens qui lui décernèrent les plus grands honneurs; et la stupidité des béotiens devint dès-lors proverbiale. Le philosophe Anacharsis fut mis à mort à coups de flèches pour avoir tenté la réforme des superstitions des Scythes, ses compatriotes. Socrate but la ciguë pour avoir annoncé un seul Dieu. Les Germains et les Parthes déposaient leurs souverains qui voulaient débarbariser leurs lois et leurs usages. Les prophètes, auxquels ont succédé les poëtes, ont souffert les moqueries, les affronts, les fouets, les chaînes, les prisons, l'esclavage; on les lapidait, les jetait en pâture aux bêtes féroces, les précipitait dans les citernes, les décapitait, les sciait en deux. Et le Fils de l'Homme, quel a été son sort? Celui d'un agneau crucifié entre deux loups auxquels on l'avait assimilé.

LXXIX

J'eusse mieux fait pour moi, et mal pour les savoisiens, d'avoir peint leurs vertus, leurs qualités et leurs mérites; l'auteur eût obtenu leurs bonnes grâces, mais ne les eût pas corrigés. Le tableau eût représenté une de ces belles courtisannes au visage agréable et séduisant, mais dont les appas, voilés par la décence, sont rongés par des ulcères sordides, ou parsemés de végétations sanieuses et puantes. J'ai préféré offrir le tableau de leurs vices, de leurs défauts, de leurs travers, etc. Les âmes parfaites ne s'y verront pas; les défectueuses qui s'y reconnaîtront, feront, devant leur image, la toilette de leur conscience. Tous les peuples ont leurs censeurs sous les noms de moralistes, de satirique, de prédicateur, de ro-

mique, etc. A l'amendement des mœurs on épargnera la
dépense de quelques centaines de mille francs aux admi-
nistrations des hôpitaux, des prisons et des bagnes ; et,
vous et moi, nous paierons quelques sous de moins en
impôt pour l'entretien de ces établissements. Voilà au
moins un gain matériel, puisque vous n'estimez que ce qui
se met sur une balance, que ce qui se mesure à la chaîne de
l'arpenteur, que ce qui entre par le gosier.

LXXX

Je n'ai qu'en Savoie entendu ces propos-ci : *La poésie,
c'est de la bêtise, de l'imbécilité, — ça ne s'attrappe
qu'avec les mauvaises sociétés, — c'est à se faire moquer
de soi, — c'est un malheur pour une famille. — Est-ce
un état ? — Est-ce que cela se mange ?* Sont-ce des vi-
dangeurs ou des casseurs de pierres à mac-adamiser les
routes qui jugent ainsi d'un art divin? Non, mais des
gens destinés par nature à ces œuvres serviles et basses,
que le hasard de la fortune a jetés dans la basoche, parmi
les médecins, au barreau et jusque sur des siéges de juges
de tribunal. Non, la poésie ne se mange pas ; mais c'est
l'antidote du poison des âmes dont la leur aurait tant besoin. « Il n'y a que les barbares, dit Gœthe, qui spient in-
sensibles aux accents des poètes. » Je dis plus, l'épais
éléphant marche en cadence à la magie de leur voix, et le
chien harmonise la sienne aux chants d'un orphée. Se-
raient-ils au-dessous de ces brutes ? et leurs instituteurs
auraient-ils été les pourceaux ? Alors quel droit auront-ils
à l'entrée du paradis qui ne s'ouvre qu'à ceux qui ont
pensé noblement ? Ce sont ces échantillons béotiens, à la
figure non crétine cependant, qui fournissent matière à
ces sarcasmes, à ces épithètes offensantes, à ces traits
d'esprit acerbe, que décochent sur la nation entière des
journalistes, les auteurs d'itinéraires, les touristes, les

romanciers, les poètes comiques, satiriques, etc. Ils ne
seraient pas capables, tout diplômés qu'ils sont, de composer un article de journal sans violer les règles de la
grammaire. Un avocat général a reproché, de nos jours,
à la haute magistrature de l'Athènes savoisienne, d'estro-
pier leur compatriote Vaugelas. Une parisienne me faisait
à peu près les mêmes remarques sur les locutions vi-
cieuses des dames de cette ville. Sa seule renommée féminine est une bergère, ou du moins la fille d'un labou-
reur, aussi distinguée par les belles qualités de son cœur
que par ses talents poétiques. Delphine Gay, issue d'une
famille originaire de cette cité, a épousé Émile Girardin.
Elle avec sa verve saphique, lui avec son talent de pu-
bliciste, ils se sont acquis une fortune de deux millions
et un renom littéraire non moins digne d'envie.

LXXXI

L'art d'Appolon n'est donc une ineptie que pour nos
esprits de travers. Bien plus, parmi les potentats les plus
puissants plusieurs ont ambitionné les lauriers du Pinde.
De ce nombre furent Jules César, son neveu Auguste, Né-
ron, Domitien. Mais leur poésie, terne et froide, témoi-
gne assez qu'à leur odeur de sang Pégase s'est cabré sous
eux, et ne se laisse docilement enfourcher que par la
vertu inspirée d'en haut. Dans mes notes sur les poètes,
je vois figurer trois autres empereurs, quarante-deux rois
ou princes souverains. Peu ont obtenu la gloire qu'ils se
proposaient d'acquérir ; tant il est plus difficile de gravir
au Parnasse que de gagner des batailles et de conquérir
des provinces. Trois d'entre eux n'ont pas dédaigné pour
gendres des poètes roturiers. Plusieurs reines et princes-
ses ont cultivé les muses avec plus ou moins de succès.
La reine Hortense est auteur de la cantate *Partant pour
la Syrie,* en vogue parmi les amateurs de musique. Six

saints, un pape et une foule de prélats, dont quelques-
uns savoisiens, ont lié commerce avec ces doctes vierges.
La traduction la plus estimée que nous ayons d'Horace
est celle de Louis XVIII. Ce monarque et la mère de notre
Empereur auraient donc pris des goûts parmi les loustics,
les paradistes, les croquants, les pouacres, les caillettes,
les guenilleuses et autres gens de néant!

LXXXII

Il faut venir chez la race d'Allobrox pour trouver des
détracteurs d'un art dont la culture a élevé au Conseil
d'Etat, aux divers ministères, aux ambassades, au sénat,
à la prélature, des domestiques, des laquais, des valets de
chambre, des paysans, des garçons de ferme, des menui-
siers, des foulons, des cabaretiers, des maçons, des matelots, de simples soldats, des barbiers, des tailleurs, des
chapeliers, des bouchers, des jardiniers, des manœuvres,
des mendiants, etc.

LXXXIII

La mère des neuf sœurs, Mnémosyne, confère la noblesse aux amants de ses chastes filles: elle affranchit de
l'esclavage Esope, Syrus, Phèdre, Plaute, Térence, Li-
vius Andronicus, et les rois, des consuls, des grands ca-
pitaines, s'honoraient de leur amitié. Le vainqueur d'A-
nibal, collaborateur de Térence, prescrivit dans son testament de décorer sa tombe du buste d'Ennius, autre poète
son ami. Des généraux, des vice-rois, des ministres, des
ambassadeurs, comprenant que leurs trophées, leurs dignités, leurs distinctions, étaient de vains gages d'une
longue mémoire, en ont cherché les fondements plus du-
rables dans des œuvres poétiques. Plusieurs même, pour
n'être point distrait de ce glorieux but par les embarras
de la fortune, ont divorcé avec elle. D'autres, satisfaits,

du modeste produit de leur talent, ou même réduits au dénûments, ont refusé, par indépendance de caractère, les libéralités princières et les distinctions des cours. On peut leur appliquer cette noble maxime que le poète Thomas aurait prise pour sa règle de conduite :

> « Si je devais un jour, pour de viles richesses,
> Vendre ma liberté, descendre à des bassesses ;
> Si mon cœur par mes vers devait êre amolli,
> Je te dirais : O Temps ! sonne ma dernière heure,
> Hâte-toi, que je meure !
> J'aime mieux n'être plus que de vivre avili. »

De ce nombre furent Chénier, Delille, notre compatriote Ducis, maître Adam de Nevers, tonnelier, qui, en rabotant les douves de ses futailles, composa des poésies sous les titres originaux de *Chevilles*, de *Vilebréquins*, et de *Rabot*. Elles lui acquirent une réputation populaire et le mirent en vogue aux Tuilleries. Le chansonnier Béranger, d'abord garçon d'auberge, puis ouvrier typographe, étudie l'art des vers en imprimant ceux d'autrui. Devenu lui-même auteur d'un grand renom, il gagne l'amitié d'illustres et riches personnages. Content du revenu de trois mille francs, provenant de la vente de ses chansons, il refuse l'héritage de Manuel, une pension viagère de six mille francs du général Sébastiani, le titre de membre de l'Académie avec le traitement de ce poste, le portefeuille de l'Instruction publique, et donne sa démission de député aux indemnités de ving-cinq francs par jour.

LXXXIV

Un seul poète distingué, le portugais Bacelar, a trahi Phœbus pour Thémis, tandis que vingt-six hommes de robe, au nombre desquels est M. Ponsard, ont quitté cette déesse pour le dieu de l'harmonie. Un de ses amis, ayant demandé à Maternus pourquoi il avait déserté, pour la poésie, la carrière du barreau où il avait acquis de grandes richesses et une des premières réputations de Rome dans l'éloquence judiciaire, répondit : « Parce qu'elle est auguste et sainte. »

LXXXV

La renommée des guerriers les plus fameux s'humilie devant celle des grands poëtes ; et le philosophe Montaigne élève la gloire d'Homère au-dessus de celle d'Alexandre-le-Grand, qui accusait lui-même le destin de lui avoir refusé un tel chantre pour célébrer ses exploits incomparables. Parmi les gens même instruits, combien peu pourraient nommer un seul des généraux de François Ier ou de Henri IV, qui ne sachent cependant que les poëtes Marot et Malherbe florissaient sous leur règne. L'épée des héros se ternit et se consume sous la rouille du temps ; la lime des siècles ne fait que polir et affiler l'épée de la parole homérique. A quelle distance de moralité le poëte laisse après lui l'homme de guerre. Henri IV dépense vingt-cinq millions à payer la défection des généraux ligueurs. Destinez pareille somme à acheter la conscience d'un favori des Muses, il vous chassera de chez lui. Si les cours furent presque de tout temps une école d'abjection et de bassesses, dans les camps on enseigne le patriotisme, le dévouement, la fidélité, le bon ordre, mais les exemples à l'appui de ces belles leçons furent souvent la rapine, le sordide intérêt et la dévastation. Phocion, nommé quarante fois général, s'obstine à la pauvreté et refuse toutes sortes de dons ; Aratus prodigue sa fortune pour assurer l'affranchissement à Sicione sa patrie ; Cincinnatus, deux fois dictateur, s'est immortalisé par son désintéressement plus que par ses triomphes ; Fabricius vivant comme ce dernier, de la culture d'un petit champ, plusieurs fois vainqueur d'ennemis dont la dépouille aurait pu l'enrichir, refuse les présents de Pyrrhus et verse dans le trésor ceux que Ptolémée lui avait faits. Garibaldi et Fanti, parangons contemporains de la dignité militaire, refusent, l'un une dotation de cent cinquante mille francs, l'autre une résidence princière avec toutes ses dépendances, en disant : « Qu'on me laisse l'honneur de mourir pauvre. » Noble conduite qui présage à leur patrie déchue un retour prochain à de glorieuses destinées. Un signe de décadence d'un État, c'est l'amour effréné des richesses succédant à la vertu de désintéressement, la fureur du luxe bannissant l'heureuse simplicité des mœurs. Ainsi déclinèrent et tombèrent dans la servitude l'empire de Cyrus, la puissance romaine, Sparte et le reste de la Grèce.

LXXXVI

L'épée le cède en estime à la toge, selon Cicéron qui avait porté l'une et l'autre. Voltaire semblerait faire peu d'état des gens d'armes par ce distique :

« D'un regard étonné j'ai vu sur ces remparts
Ces géants court-vêtus, automates de Mars. »

« Qu'est-ce qu'une armée ? demande Fléchier. C'est une multitude d'âmes pour la plupart viles et mercenaires. » « La voie des armes, dit Massillon, brillante aux yeux des sens, mais, en matière de salut, de toutes les voies c'est la plus terrible. » Selon Paul-Louis Courrier, « les généraux s'improvisent et naissent avec les circonstances, tandis que les Raphaël, les Léonard de Vinci, pas plus que les Homère, les Shakespeare, ne s'élèvent sans ce mélange intime de volonté et de travail, de science et d'inspiration qui fait le vrai génie. » En effet, on peut

être improvisé grand capitaine en un mois, en une semaine, en un jour, en quelques heures. Témoins Sparta-
cus, avec un ramassis d'esclaves, qui vainquit plusieurs
généraux romains ; Cavalier, imberbe de seize ans, avec
qui le maréchal Villars n'ose se commettre après la défaite
de ses collègues ; Jeanne d'Arc, bergère de dix-huit ans,
qui éclipsa tous les généraux de son siècle ; Jeanne Ha-
chette qui envoie bercer les enfants la garnison d'Amiens
disposée à se rendre, et va, à la tête de son sexe, assaillir
et mettre en fuite les assiégeants.

LXXXVII

Si les lauriers de la victoire sont accessibles à de mé-
diocres talents, les palmes poétiques furent quelquefois
refusées à des génie de premier ordre, comme on le voit
dans ce vers de Martial sur un mauvais poète :

« Tu nous écris des vers en dépit de Minerve ;
Fort bien ; c'est Cicéron qui t'a transmis sa verve. »

Juvenal cite de cet orateur ce méchant vers par lequel
il félicite Rome d'avoir été sauvée sous son consulat :

Fortunatam natam me consule Romam !

Cet *ham*, répété trois fois, décèle une absence de goût
pour l'harmonie. Sénèque s'est aussi moqué des malheureux essais poétiques de Cicéron, et juge les vers de Mé-
cène indignes d'un homme. Le cardinal Richelieu, ministre de Louis XIII, échoua dans sa tentative de se faire un
nom dans l'art dramatique. Importuné de la gloire de
Corneille, il lui offrit, pour le détourner de la scène, la
charge de fermier-général que le poète refusa, plus jaloux
de renommée qu'avide des trésors de Plutus.

LXXXVIII

Les largesses des princes et les honneurs des cours n'ont pas manqué aux poètes, quand ils ne les ont pas dédaignés. Les plus puissants monarques, soit ambition de leurs éloges, soit hommage à leurs talents, ont tenu à les protéger et à les combler de bienfaits. Mais ils ont moins demandé à la fortune que visé à la reconnaissance admiratrice de la postérité. Ils sont les seuls d'entre les morts qui partagent avec les saints les fêtes outre-tombe que la vénération des peuples institue en leur honneur. A Thèbes on célébrait annuellement la mort tragique de Linus tué par Hercule son disciple, irrité d'en avoir été repris trop vertement dans une leçon de musique. Dans les jeux Olympiques on chantait les vers d'Homère et d'Archiloque, et on solennisait leur mémoire en commun. Florence vénère Dante et lui consacre une fête séculaire. Deux papes ont voulu avoir l'honneur de restaurer son tombeau, quoiqu'il eût été de la faction gibeline hostile à leur pouvoir. Gœthe et Chiller en Allemagne, plusieurs poètes dramatiques en France, sont l'objet de solennités poétiques qui reviennent à des époques déterminées. Tous les ans, les feuilles publiques nous apprennent que des monuments funèbres ou quelques statues viennent d'être érigés à des poètes de renom. Les puissants de la terre posent des factionnaires autour des images que la flatterie leur a élevées; celle des grands hommes sont placées sous la sauvegarde de la vénération publique. On baptise du nom des poètes, comme de celui des élus, les quartiers, les carrefours et les rues des villes. Un quartier d'Athènes, qu'il avait habité, reçut le nom de Musée. Un quai et six rues de Paris portent le nom illustré par des poètes. Sept villes se sont disputé l'honneur d'avoir donné naissance à Homère; et cinq ont prétendu être, chacune, le berceau de Properce. Les Grecs, dit Lefranc, regardaient la poésie comme quelque chose de céleste et de saint qui ne devait rien au génie de l'homme; c'était à leurs yeux un pur don de la divinité; pour eux, les poètes primitifs étaient des personnages sacrés, les interprètes des volontés divines, les médiateurs entre le ciel et la terre. L'Eglise, dont nous suivons la doctrine, adopte la même croyance sur eux. « La poésie, selon Homère, est le plus grand bienfait que Dieu ait fait aux hommes. » « C'est entre Dieu et les âmes pures un interprète fidèle, un agréable messager, » dit à son tour le Tasse. En voilà assez pour confondre nos Velches qui traitent les poètes de gens de peu, et leur art de frivole, d'ignoble, indigne d'un homme de bien.

LXXXIX

Infligeons le mépris à leur crasse ignorance en montrant le pouvoir et les bienfaits de ce don céleste. Le divin Orphée, fils du roi OEagros, inspira, par ses touchants accords, tant d'horreur pour les sacrifices humains, qu'ils cessèrent de son vivant. Il est vrai qu'il périt, mis en pièces par les femmes, quand il voulut les amener à être fidèles à leurs maris. Il nous reste de lui une hymne au Créateur, la plus sublime prière qui soit sortie de l'âme humaine, et qu'on pourrait chanter dans nos temples chrétiens, si pure elle est de toute trace de paganisme.

« En mille écrits fameux la sagesse tracée
Fut, à l'aide des vers, aux mortels annoncée. »

(BOILEAU.)

« Bienfaits, pouvoir de l'harmonie,
Pour une vile nourriture,
Pour les plus honteux intérêts,
Jadis, errants à l'aventure,
Ils (les hommes) s'égorgeaient dans les forêts,

> De leurs déserts tu les arraches,
> De leurs vils glands tu les détaches;
> Ils se rassemblent à tes sons,
> Et dans l'enceinte des villes
> Qu'élèvent les pierres dociles
> Ils vont écouter tes leçons. »
>
> (RACINE FILS.)

On ne peut donc pas dénier à la poésie le don bienfaisant de réformer et adoucir les mœurs féroces et sanguinaires, de rapprocher et d'unir les hommes vivant à l'état sauvage, de les soumettre au frein des lois et à la pratique des vertus sociales. Les mâles accents de Clio impriment même aux âmes les plus lâches une audace extraordinaire. Les Spartiates, découragés et abattus devant l'ennemi, reprennent confiance et du cœur à la voix prophétique de Tyrtée, qui leur promet et leur donne en effet la victoire. Les Romains ne se crurent tranquilles possesseurs de leur conquête d'Albion, tant qu'ils n'eurent point exterminé les bardes jusqu'au dernier, poètes guerriers dont les airs patriotiques réchauffaient l'ardeur des combattants et fomentaient l'horreur de la servitude dans les sens éperdus des Bretons. Marnix de Sainte Aldegonde, issu d'une ancienne famille de la Tarentaise, est devenu le Tyrtée des Bataves par son hymne guerrier, le *Wilhelmus-Lied* (chant de Guillaume). C'est au chant de ce poème lyrique, populaire chez eux depuis trois siècles, que les Hollandais ont, tant sur terre que sur mer, combattu et chassé les envahisseurs de leur pays. On estime que la *Marseillaise*, par la furie belliqueuse dont elle a enflammé les armées de la République, leur a tenu lieu d'un renfort de cinquante mille combattants. Rouget de l'Isle a donc enfanté de sa tête, en une nuit, tous ces guerriers qui n'ont coûté à l'État entretien, nourriture ni solde. Y a-t-il su la terre autre génie d'une pareille puissance?

XC

« Les plaisirs des sens, passagers et sujets à l'intermittence, sont suivis de dégoûts et souvent de regrets; pris à l'excès, ils ruinent le corps, appauvrissent les sources de la vie, énervent la vigueur de l'âme, affadissent le cœur et amortissent le feu de l'imagination. Les jouissances de l'esprit peuvent le fatiguer, mais ne le rassasient jamais; elles élèvent l'âme et l'imprègnent d'énergie; assèrènent ou réjouissent le cœur, perfectionnent la raison et fécondent les germes du talent.

« Mais tandis que l'étude occupe mes loisirs,
Lorsque je goûte en paix mon bonheur solitaire,
Il le faut avouer, du stupide vulgaire
Les plaisirs de l'esprit sont encore ignorés,
Tout mortel est sensible et peu sont éclairés. »

XCI

Le poète sympathise avec les personnages et les êtres physiques ou allégoriques qu'il met en scène : si le sujet est touchant, de tendres soupirs débordent de son sein, ses yeux s'humectent de larmes délicieuses : c'est ce que j'éprouve quelquefois. Si leur situation est plaisante ou leur aventure comique, alors, pendant qu'on la décrit, ce sont des éclats de rire entremêlés de courtes interruptions; c'est là mon faible dominant, et je passe des semaines dans ces joyeuses émotions du cœur. Mais le beau moment, c'est lorsque l'action est pathétique ou terrible; une horripilation fébrile parcourt la surface du corps, les cheveux se hérissent, le cœur précipite ses mouvements, le sein est oppressé, les sens s'émoussent, l'âme est saisie d'enthousiasme ou tombe dans le ravissement de l'extase, et l'on peut y mourir de bonheur, comme cela est arrivé à des sybilles et des poètes. Le prosateur n'éprouve pas et ne communique pas à ses auditeurs des émotions aussi fortes. Son art est simple et se borne à la pensée, domaine de l'esprit. La poésie y joint la mesure, la rime, le rhytme, etc., dont se forme l'harmonie, essence de la musique; et par les images et les onomatopées, elle participe de la peinture. Voilà le trépied magique de cette enchanteresse.

XCII

La profession des armes, la judicature, le notariat, la médecine, est nécessaire pour les besoins de la société; mais l'individu qui l'exerce n'est pas personnellement indispensable: lui mort, on peut le remplacer dès le lendemain par un autre, les sujets étant nombreux. Les beaux-arts, au contraire, ne sont pas nécessaires à un peuple, car il ne souffre pas matériellement de leur absence. Mais les artistes sont individuellement indispensables à sa civilisation et à sa gloire. En effet, un Rossini, un Apelle, un Phidias, un Vitruve, un Virgile, mort, on ne lui trouve que par hasard un successeur de son mérite, attendu que les hommes de génie sont rares en tout temps et partout.

XCIII

Les arts d'illustration, négligés et presque méprisés de notre nation, n'ont été cultivés avec distinction que par un fort petit nombre de sujets. L'architecture s'honore du nom de Peronnet, ingénieur du magnifique et hardi pont à cinq arches, jeté sur la Seine, à Neuilly, près de Paris. La peinture a donné Grenger, Chabord, Bérenger, dont le pinceau ne les a guère élevés en mérite au-dessus du troisième ordre. La statuaire, stérile dans le passé, a inspiré de nos jours le talent de M. Rochet, dont le ciseau a sculpté, entre autres monuments, la statue de don Pedro qu'il vient de conduire lui-même au Brésil. Son frère, pourvu du double don de la peinture et de la poésie, est aussi un homme distingué parmi ceux de nos compatriotes qui habitent la capitale. En musique, nous ne comptons pas un seul compositeurs digne d'être cité; mais, en compensation, guère moins de mille instrumentistes. Nous devons aux Piémontais, presque tous heureusement doués de Minerve, cette pratique de l'harmonie qui s'est propagée jusque dans les hameaux. Les villes s'entre-donnent tour-à-tour des fêtes musicales qui attirent toutes les sociétés philarmoniques des environs. C'est un puissant moyen d'union, d'émulation et de civilisation. Cette utile institution a éteint l'animosité qui régnait auparavant entre cantons voisins.

XCIV

Fils du valeureux Centron, et toi du belliqueux Allobroge, le renom martial de vos ancêtres ne suffit plus à la gloire d'une société moderne; et fussiez-vous lions dans les combats, vous ne mettez là en jeu que des facultés purement animales et n'êtes que des automates agissants, écrasés ou écrasant. On ne monte plus à l'estime des peuples, dans un degré éminent, que par les lettres et les arts d'imaginations dont la poésie est la reine. Sans eux, point de règne glorieux, point de nation célèbre. C'est de leur état florissant qu'ont pris leur nom les siècles de Périclès, d'Auguste, de Léon X, de François 1er, de Louis XIV et de la reine Anne. C'est à la poésie, et surtout aux genres descriptif, bucolique et pastoral que, de tous les moyens de la relever de son abaissement, la Savoie se prête le plus. En effet, les Muses se plaisent moins dans les villes que dans les hameaux, dans les plaines que sur les montagnes, dans les palais que dans les grottes, sur les mers qu'autour des lacs, le long des rivières qu'auprès dés cascades, sur les routes poudreuses que dans les sentiers fleuris, sous les tentes de Mars que sous le dôme des forêts, parmi les somptueux attelages que parmi le peuple des bergeries. Où trouver en Europe, sous ces rapports, un pays plus riche et plus fécond que le nôtre!

XCV

En outre, l'observateur y admire avec étonnement des tableaux dont les uns sont rares partout ailleurs, d'autres exclusifs à la Savoie, et que ni le pinceau de l'artiste, ni la plume de l'écrivain, n'a encore retracés : tels que la vue de deux soleils se levant ou se couchant dans un nuage; la teinte vert-pré de la brume de vallées; des côteaux d'un bleu de ciel; des neiges roses; des galeries de rochers dont les pics gigantesques imitent la forme humaine ou la conformation de divers animaux; des montagnes à figure de personnages historiques, ou représentant les monuments de l'architecture; des ménageries de monstres marins ou terrestres formés par les nues, tantôt noirs, tantôt enflammés; des aurores boréales; des glaces découpées en arc de triomphe, taillées en obélisque ou conformées en animaux; des avalanches fumeuses et bruyantes; des ruines de tours et de châteaux; des Herculanums souterrains; des nécropoles princières; des arcs de triomphe; des ponts construits par le diable; des fontaines à jets intermittents; des eaux thermales; des ruisseaux roulant un sable d'or; des mines de houille, d'argent, de cuivre, de plomb, de fer; la marmotte sifflante; le chamois bondissant; l'ours à l'humeur bourrue; des oiseaux chanteurs ou rapaces; la fraise montagnarde grimpant jusqu'à la région des neiges avec le myrtile au fruit d'ébène et le cep cher à Bacchus; enfin les quatre saisons se donnant la main, étonnées de vivre en si étroite union.

XCVI

Mais ces merveilles ne viendront pas à vous, il faut les
aller chercher et les épier depuis l'aube jusqu'aux ténèbres de la nuit. Quelques - uns de ces phénomènes se dé-
couvrent du fond des vallées, d'autres seulement du sommet des hautes montagnes. Il y a, pour y parvenir, des
flots de sueur à rendre, quelquefois des dangers à courir,
et la table est piteuse dans les châlets, avec une poignée
de foin pour lit. Après quoi, ces semences d'idées, il vous
faudra, pour les y semer, promener longuement le soc de
la pensée dans les champs du cerveau, d'où vont surgir vos
moissons poétiques. Mais les droits au suffrage de la postérité ne s'acquièrent que par des privations, une patience
de saint et un labeur près duquel les travaux des galé-
riens sont de la molesse. De plus, vous serez pour votre
famille un être étrange, une sorte de monstre social, tout
au moins un esprit détraqué, de vous morfondre à sauver
la nation du mépris qui n'empêche personne de manger
d'un joyeux appétit. Votre œuvre achevée, vous n'aurez
guère de lecteur que l'étranger, plus soucieux que les in-
digènes de connaître leur pays, qu'ils ignorent eux-mêmes.

XCVII

Jeune homme, si tu ne te sens capable de ces travaux
d'Alcide, de dévorer ces dégoûts, de fuir les honneurs,
de répugner aux distinctions, et ne sais te contenter de
l'indispensable aux nécessités de la vie, garde-toi d'affron-
ter la colère dédaigneuse des filles de Mémoire ; elles veulent un dévouement absolu en retour de leurs faveurs, et
elles te flétriraient dans tes chétives productions. Adresse
plutôt à la fortune tes hommages et tes vœux ; cette dé-
vergondée accepte la cour de toutes sortes de gens, et,
parmi ses amants, semble même donner ses tendres pré-

férences aux âmes viles. Mais si le feu sacré de la poésie a consumé en toi ce qu'il y avait de passion terrestre, le coursier ailé dont les naseaux ardents lancent la foudre et les éclairs, dans un sublime essor, te ravira au temple de la Gloire. N'y fusses-tu déposé qu'au troisième rang, tu honorerais encore plus ton nom, ta famille, ton berceau et ta patrie, que si tu avais gagné le manteau d'hermine de président de cour de cassation, la barette de cardinal, le bâton de maréchal, ou même le sceptre d'un roi vulgaire. Bercé, à travers tes peines, par l'amour délicieux de l'art, et soutenu par l'exaltation fiévreuse de l'enthousiasme, tu te seras souvent écrié : *surabondo gaudio!*

BONNEVILLE. — Typographie VEUVE CHAVIN,